OEUVRES

CHOISIES

DE GRESSET.

IMPRIMERIE DE RIGNOUX.

GRESSET

La Chartreuse

OEUVRES

CHOISIES

DE GRESSET.

PARIS,
MAME-DELAUNAY, RUE GUÉNÉGAUD.
CH. GOSSELIN, RUE DE SEINE.

M DCCC XXIV.

NOTICE

SUR

GRESSET.

—

Gresset (Jean-Baptiste-Louis), écuyer, chevalier de l'ordre de Saint-Michel, historiographe de l'ordre de Saint-Lazare, l'un des quarante de l'Académie française, naquit en 1709, à Amiens, où son père était échevin. Il fit ses premières études dans cette ville, chez les jésuites, entra dans leur ordre à l'âge de seize ans, et fut envoyé à Paris, au collége Louis-le-Grand, pour y perfectionner son éducation. Gresset était dans sa vingt-quatrième année lorsqu'il composa *Ver-Vert*, qui courut d'abord manuscrit, et fut imprimé sans l'aveu de l'auteur. Mécontente du bruit que ce *phénomène littéraire* faisait dans le monde, la sœur d'un ministre, placée à la tête d'une des maisons de la Visitation, se plaignit du jeune poëte à ses supérieurs, et Gresset, qui professait les humanités à Tours, fut envoyé à La Flèche. Ennuyé de son exil, il quitta l'ordre des jésuites à l'âge de vingt-six ans, après avoir sollicité sa liberté pendant une année entière. Sa reconnaissance pour ses maîtres est consignée dans la pièce qui a pour titre, *Adieux aux Jésuites*. Accueilli à Paris avec le plus vif empressement, il voulut y soutenir sa réputation en s'élevant jusqu'à la tragédie; et en 1740 il fit représenter *Édouard III*, qui n'a plus reparu sur le théâtre. *Sidney* n'offrit pas un sujet beaucoup plus heureux; mais *le Méchant*, qui parut en 1747, mit le sceau à la réputation de Gresset.

Reçu à l'Académie française en 1748, il se retira bientôt à Amiens, et obtint du Roi la permission de fonder dans cette ville une Académie, dont il fut nommé président perpétuel; mais il renonça à cette distinction, la croyant contraire à la liberté nécessaire aux hommes de lettres. Chargé en 1754, comme Directeur de l'Académie française, de répondre au discours de réception de d'Alembert, il s'éleva contre les évêques qui manquaient au devoir de la résidence, et s'attira ainsi la disgrâce de Louis XV. Gresset retourna chercher des consolations auprès de l'évêque d'Amiens, qui l'engagea à renoncer au théâtre; et en 1759 il abjura le culte de Thalie; ce qui lui valut la haine de Voltaire. Louis XVI lui accorda des lettres de noblesse, et *Monsieur*, aujourd'hui Louis XVIII, le nomma historiographe de l'ordre de Saint-Lazare. Cet illustre poëte mourut à Amiens, le 16 juin 1777, dans les sentimens de la plus haute piété. Il ne laissa point d'enfans. Les agrémens de son commerce, la solidité de ses principes, l'honnêteté de ses mœurs, le firent chérir et honorer de tous ses concitoyens. On lui fit l'épitaphe suivante :

Hunc lepidique sales lugent, veneresque pudicæ ;
Hunc mores prohibent ingeniumque mori.

JUGEMENS DE DIVERS AUTEURS

SUR LES OUVRAGES DE GRESSET.

J.-B. ROUSSEAU.

Parmi les phénomènes littéraires que vous m'indiquez, mon R. P., vous n'avez point voulu m'en citer un qui a été élevé parmi vous, et que vous venez de rendre au monde : vous voyez bien que je veux vous parler du jeune auteur des poëmes du *Perroquet* et de la *Chartreuse.* Je n'ai vu de lui que ces deux ouvrages; mais en vérité je les aurais admirés, quand ils m'auraient été donnés comme le fruit d'une étude consommée du monde et de la langue française. Je ne crois pas qu'on puisse trouver nulle part plus de richesses jointes à une plus libérale facilité à les prodiguer. Quel prodige dans un homme de vingt-six ans, et quel désespoir pour tous nos prétendus beaux-esprits modernes! J'ai toujours trouvé Chapelle très-estimable, mais beaucoup moins, à vrai dire, qu'il n'était estimé : ici c'est le naturel de Chapelle, mais son naturel épuré, embelli, orné, et étalé enfin dans toute sa perfection. Si jamais il peut parvenir à faire des vers plus difficilement, je prévois qu'il nous effacera tous tant que nous sommes.

LA HARPE.

Ver-Vert est plutôt un conte qu'un poëme ; mais il a paru sous ce dernier titre ; et quoi qu'il en soit du titre, il n'est pas possible de passer ici sous silence ce qui n'est, si l'on veut, qu'un badinage, mais un badinage si supérieur et si original, qu'il n'a pas eu d'imitateurs, comme il n'avait point de modèle. Il produisit, à son apparition dans le monde, l'effet d'un phénomène littéraire : ce sont les expressions de Rousseau dans ses lettres, et il n'y a pas d'exagération. Tout devait paraître ici également extraordinaire : tant de perfection dans un auteur de vingt-quatre ans, un modèle de délicatesse, de grâce, de finesse dans un ouvrage sorti d'un collége, et ce ton de la meilleure plaisanterie, ce sel et cette urbanité qu'on croyait n'appartenir qu'à la connaissance du monde, et qui se trouvaient dans un jeune religieux ; enfin la broderie la plus riche et la plus brillante sur le plus chétif canevas : il y avait de quoi être confondu d'étonnement, et les juges de l'art devaient être encore plus étonnés que les autres. Si quelque chose peut étonner davantage, c'est ce que Voltaire a imprimé de nos jours, que *Ver-Vert et la Chartreuse étaient des ouvrages tombés*. Est-il possible que l'on consente à déshonorer ainsi son jugement pour satisfaire son animosité ? Et encore sur quoi pouvait-elle être fondée ? Jamais Gresset ne l'avait offensé en rien; au contraire, il avait fait de très-jolis vers[1] en réponse aux détracteurs d'*Alzire*, en 1736, à l'époque même où le succès de *Ver-Vert* et de la *Chartreuse* lui donnait sur l'opinion une influence proportionnée à sa célébrité. Mais en 1759 il annonça qu'il avait renoncé au théâtre par des motifs de religion, et c'en était assez pour que Voltaire ne lui pardonnât pas. Telle est la tolérance philosophique : elle n'a jamais eu un autre caractère. Dès lors Gresset se vit affublé, dans *le Pauvre Diable*, d'un couplet fort piquant, mais très-

[1] Voyez la Table des matières.

injuste, où l'on refuse au *Méchant* le titre de comédie, quoique Voltaire lui-même n'ait assurément rien fait en ce genre qui en approche, même de loin. Il reproche à cette pièce de n'être point

Des mœurs du temps un portrait véritable;

et c'est précisément, après le mérite du style, celui qui est le plus éminent dans cette comédie, la seule où l'on ait saisi le vrai caractère de notre siècle. Qui est-ce qui ne sait pas une foule de vers du *Méchant?* On en peut dire autant de *Ver-Vert* et de la *Chartreuse;* et je ne sais s'il existe des ouvrages en vers qui soient plus que ceux-là dans la mémoire des amateurs.

PALISSOT.

La comédie du *Méchant*, qui, avec le *Ver-Vert*, la *Chartreuse*, et un petit nombre d'autres ouvrages, portera son nom à la postérité, eut le plus grand succès, et le méritait surtout par le charme du style, le naturel, la finesse et la vivacité du dialogue.

Avant de tenter la carrière du théâtre, il avait prouvé par le *Ver-Vert* et par la *Chartreuse*, qu'il était né pour les Grâces. Aussi c'est à ce genre facile et gracieux que nous croyons qu'il avait été appelé spécialement par la nature : c'est le genre dont véritablement il avait le génie, puisque c'est celui dans lequel il s'est annoncé avec le plus d'éclat, et que depuis il n'a pas eu de succès plus réel et plus brillant. En effet, nous osons dire que le *Ver-Vert* lui appartient davantage, et qu'il est en lui-même un ouvrage plus original que la comédie du *Méchant*, quelque mérite que nous reconnaissions d'ailleurs dans cette pièce.

Il lui manquait cette vigueur de génie qui fait faire habituellement de grandes choses, quoiqu'il ne fût pas incapable de s'élever jusqu'à elles; mais il avait cette heureuse facilité qui semble créer de rien, et qui répand des fleurs sur les sujets en apparence les plus stériles. C'est précisément ce qui caractérise *le Ver-Vert* et *la Chartreuse*, qui sont ses meilleurs ouvrages. On peut y ajouter encore, mais sans les mettre au même rang, son *Carême impromptu*, et son *Lutrin vivant*, productions badines, auxquelles on ne saurait refuser le mérite d'une narration vive et piquante, et l'art de lutter avec grâce contre des difficultés qui semblaient insurmontables.

N'oublions, pour sa gloire, ni l'*Épître à sa sœur*, pleine d'une sensibilité douce et tendre, ni celle au P. Bougeant, dont le début est si gracieux, ni *les Ombres*, qui rappellent en plusieurs endroits le badinage ingénieux de *la Chartreuse;* mais avouons qu'on ne retrouve son talent ni dans l'ode, qui exigeait un pinceau plus vigoureux que le sien, ni dans la traduction *des Églogues de Virgile*. Personne n'a porté plus loin que lui, dans ses bons ouvrages, l'art d'enchaîner harmonieusement ses vers : mais il y sacrifia souvent la précision ; et si la poésie en est toujours élégante et facile, il faut convenir qu'elle est quelquefois un peu traînante, négligée et verbeuse. C'est l'abondance, ou plutôt la surabondance d'Ovide.

N. LEMERCIER.

Piron et Gresset furent les seuls qui rivalisèrent une fois en style naturel et en pureté de langage avec la plume du père de la comédie... C'est par l'élégance et la clarté du langage que le caractère du *Méchant* a réussi dans une pièce sans intrigue et sans combinaison dramatique. Mais un dialogue facile et correct, des portraits bien dessinés, des tableaux de mœurs encadrés avec art, ont soutenu le vide de cinq actes, ou, pour mieux dire, les ont remplis agréablement de détails précieux, qui ont caché le défaut d'action. On jugera, d'après les suffrages que s'acquit la plume de Gresset, de quelle importance est la condition du style dans le genre comique. A l'inspection d'un seul passage, on reconnaîtra dans le *Méchant* la pureté, la précision, le choix des mots, les liaisons fines, et les transitions adroites qu'on retrouve dans tous les bons écrivains, et qui établissent une sorte de ressemblance entre eux. Molière, Piron, ni J.-B. Rousseau, qui sut écrire la comédie aussi bien qu'il sut mal la composer, ces maîtres en bon style n'eussent pu tracer une image de Paris plus nette et plus vive d'expression, que la satire faite par le Cléon de Gresset.

VER-VERT.

A MADAME L'ABBESSE DE***

CHANT PREMIER.

Vous près de qui les grâces solitaires
Brillent sans fard et règnent sans fierté ;
Vous dont l'esprit, né pour la vérité,
Sait allier à des vertus austères
Le goût, les ris, l'aimable liberté ;
Puisqu'à vos yeux vous voulez que je trace
D'un noble oiseau la touchante disgrâce,
Soyez ma muse, échauffez mes accens ;
Et prêtez-moi ces sons intéressans,
Ces tendres sons que forma votre lyre
Lorsque Sultane [1], au printemps de ses jours,
Fut enlevée à vos tristes amours,
Et descendit au ténébreux empire.
De mon héros les illustres malheurs

[1] Épagneule.

Peuvent aussi se promettre vos pleurs.
Sur sa vertu par le sort traversée,
Sur son voyage et ses longues erreurs,
On aurait pu faire une autre Odyssée,
Et par vingt chants endormir les lecteurs;
On aurait pu des fables surannées
Ressusciter les diables et les dieux,
Des faits d'un mois occuper des années,
Et, sur des tons d'un sublime ennuyeux,
Psalmodier la cause infortunée
D'un perroquet non moins brillant qu'Énée,
Non moins dévot, plus malheureux que lui :
Mais trop de vers entraînent trop d'ennui.
Les muses sont des abeilles volages;
Leur goût voltige, il fuit les longs ouvrages,
Et, ne prenant que la fleur d'un sujet,
Vole bientôt sur un nouvel objet.
Dans vos leçons j'ai puisé ces maximes :
Puissent vos lois se lire dans mes rimes !
Si, trop sincère, en traçant ces portraits
J'ai dévoilé les mystères secrets,
L'art des parloirs, la science des grilles,
Les graves riens, les mystiques vétilles,
Votre enjoûment me passera ces traits.
Votre raison, exempte de faiblesses,
Sait vous sauver ces fades petitesses;
Sur votre esprit, soumis au seul devoir,
L'illusion n'eut jamais de pouvoir;

CHANT PREMIER.

Vous savez trop qu'un front que l'art déguise
Plaît moins au ciel qu'une aimable franchise.
Si la Vertu se montrait aux mortels,
Ce ne serait ni par l'art des grimaces,
Ni sous des traits farouches et cruels,
Mais sous votre air, ou sous celui des Grâces,
Qu'elle viendrait mériter nos autels.
 Dans maint auteur de science profonde
J'ai lu qu'on perd à trop courir le monde;
Très-rarement en devient-on meilleur ;
Un sort errant ne conduit qu'à l'erreur.
Il nous vaut mieux vivre au sein de nos Lares,
Et conserver, paisibles casaniers,
Notre vertu dans nos propres foyers,
Que parcourir bords lointains et barbares :
Sans quoi le cœur, victime des dangers,
Revient chargé de vices étrangers.
L'affreux destin du héros que je chante
En éternise une preuve touchante :
Tous les échos des parloirs de Nevers,
Si l'on en doute, attesteront mes vers.

 A Nevers donc, chez les Visitandines,
Vivait naguère un perroquet fameux,
A qui son art et son cœur généreux,
Ses vertus même, et ses grâces badines,
Auraient dû faire un sort moins rigoureux,
Si les bons cœurs étaient toujours heureux.

VER-Vert (c'était le nom du personnage),
Transplanté là de l'indien rivage,
Fut, jeune encor, ne sachant rien de rien,
Au susdit cloître enfermé pour son bien.
Il était beau, brillant, leste et volage,
Aimable et franc, comme on l'est au bel âge,
Né tendre et vif, mais encore innocent;
Bref, digne oiseau d'une si sainte cage,
Par son caquet digne d'être au couvent.

   Pas n'est besoin, je pense, de décrire
Les soins des sœurs, des nonnes, c'est tout dire;
Et chaque mère, après son directeur,
N'aimait rien tant : même dans plus d'un cœur,
Ainsi l'écrit un chroniqueur sincère,
Souvent l'oiseau l'emporta sur le père.
Il partageait, dans ce paisible lieu,
Tous les sirops dont le cher père en Dieu,
Grâce aux bienfaits des nonnettes sucrées,
Réconfortait ses entrailles sacrées.
Objet permis à leur oisif amour,
Ver-Vert était l'âme de ce séjour;
Exceptez-en quelques vieilles dolentes,
Des jeunes cœurs jalouses surveillantes,
Il était cher à toute la maison.
N'étant encor dans l'âge de raison,
Libre, il pouvait et tout dire et tout faire;
Il était sûr de charmer et de plaire.
Des bonnes sœurs égayant les travaux,

Il béquetait et guimpes et bandeaux;
Il n'était point d'agréable partie,
S'il n'y venait briller, caracoler,
Papillonner, siffler, rossignoler;
Il badinait, mais avec modestie,
Avec cet air timide et tout prudent
Qu'une novice a même en badinant.
Par plusieurs voix interrogé sans cesse,
Il répondait à tout avec justesse :
Tel autrefois César, en même temps,
Dictait à quatre, en styles différens.
 Admis partout, si l'on en croit l'histoire,
L'amant chéri mangeait au réfectoire.
Là, tout s'offrait à ses friands désirs;
Outre qu'encor pour ses menus plaisirs,
Pour occuper son ventre infatigable,
Pendant le temps qu'il passait hors de table,
Mille bonbons, mille exquises douceurs,
Chargeaient toujours les poches de nos sœurs.
Les petits soins, les attentions fines,
Sont nés, dit-on, chez les Visitandines;
L'heureux Ver-Vert l'éprouvait chaque jour.
Plus mitonné qu'un perroquet de cour,
Tout s'occupait du beau pensionnaire;
Ses jours coulaient dans un noble loisir.
 Au grand dortoir il couchait d'ordinaire.
Là, de cellule il avait à choisir;
Heureuse encor, trop heureuse la mère

Dont il daignait, au retour de la nuit,
Par sa présence honorer le réduit!
Très-rarement les antiques discrètes
Logeaient l'oiseau; des novices proprettes
L'alcove simple était plus de son goût :
Car remarquez qu'il était propre en tout.
Quand chaque soir le jeune anachorète
Avait fixé sa nocturne retraite,
Jusqu'au lever de l'astre de Vénus
Il reposait sur la boîte aux agnus.
A son réveil, de la fraîche nonnette,
Libre témoin, il voyait la toilette.
Je dis toilette, et je le dis tout bas;
Oui, quelque part j'ai lu qu'il ne faut pas
Aux fronts voilés des miroirs moins fidèles
Qu'aux fronts ornés de pompons et dentelles.
Ainsi qu'il est pour le monde et les cours
Un art, un goût de modes et d'atours,
Il est aussi des modes pour le voile;
Il est un art de donner d'heureux tours
A l'étamine, à la plus simple toile.
Souvent l'essaim des folâtres Amours,
Essaim qui sait franchir grilles et tours,
Donne aux bandeaux une grâce piquante,
Un air galant à la guimpe flottante;
Enfin, avant de paraître au parloir,
On doit au moins deux coups d'œil au miroir.
Ceci soit dit entre nous, en silence :

Sans autre écart revenons au héros.
Dans ce séjour de l'oisive indolence,
VER-VERT vivait sans ennui, sans travaux :
Dans tous les cœurs il régnait sans partage.
Pour lui sœur Thècle oubliait les moineaux ;
Quatre serins en étaient morts de rage ;
Et deux matous, autrefois en faveur,
Dépérissaient d'envie et de langueur.
  Qui l'aurait dit, en ces jours pleins de charmes,
Qu'en pure perte on cultivait ses mœurs ;
Qu'un temps viendrait, temps de crime et d'alarmes,
Où ce VER-VERT, tendre idole des cœurs,
Ne serait plus qu'un triste objet d'horreurs ?
Arrête, muse, et retarde les larmes
Que doit coûter l'aspect de ses malheurs,
Fruit trop amer des égards de nos sœurs.

CHANT SECOND.

—

On juge bien qu'étant à telle école,
Point ne manquait du don de la parole
L'oiseau disert; hormis dans les repas,
Tel qu'une nonne, il ne déparlait pas :
Bien est-il vrai qu'il parlait comme un livre,
Toujours d'un ton confit en savoir vivre.
Il n'était point de ces fiers perroquets
Que l'air du siècle a rendus trop coquets,
Et qui, sifflés par des bouches mondaines,
N'ignorent rien des vanités humaines.
VER-VERT était un perroquet dévot,
Une belle âme innocemment guidée;
Jamais du mal il n'avait eu l'idée,
Ne disait onc un immodeste mot :
Mais en revanche il savait des cantiques,
Des orémus, des colloques mystiques;
Il disait bien son BÉNÉDICITÉ,
Et NOTRE MÈRE, et VOTRE CHARITÉ;
Il savait même un peu du soliloque,
Et des traits fins de Marie Alacoque.
Il avait eu, dans ce docte manoir,
Tous les secours qui mènent au savoir.

VER-VERT.

Il était là maintes filles savantes
Qui mot pour mot portaient dans leurs cerveaux
Tous les noëls anciens et nouveaux.
Instruit, formé par leurs leçons fréquentes,
Bientôt l'élève égala ses régentes :
De leur ton même adroit imitateur,
Il exprimait la pieuse lenteur,
Les saints soupirs, les notes languissantes
Du chant des sœurs, colombes gémissantes :
Finalement, Ver-Vert savait par cœur
Tout ce que sait une mère de chœur.

Trop resserré dans les bornes d'un cloître,
Un tel mérite au loin se fit connaître ;
Dans tout Nevers, du matin jusqu'au soir,
Il n'était bruit que des scènes mignonnes
Du perroquet des bienheureuses nonnes ;
De Moulins même on venait pour le voir.
Le beau Ver-Vert ne bougeait du parloir :
Sœur Mélanie, en guimpe toujours fine,
Portait l'oiseau : d'abord aux spectateurs
Elle en faisait admirer les couleurs,
Les agrémens, la douceur enfantine ;
Son air heureux ne manquait point les cœurs.
Mais la beauté du tendre néophyte
N'était encor que le moindre mérite ;
On oubliait ces attraits enchanteurs,
Dès que sa voix frappait les auditeurs.
Orné, rempli de saintes gentillesses,

Que lui dictaient les plus jeunes professes,
L'illustre oiseau commençait son récit;
A chaque instant de nouvelles finesses,
Des charmes neufs, variaient son débit :
Éloge unique et difficile à croire
Pour tout parleur qui dit publiquement,
Nul ne dormait dans tout son auditoire;
Quel orateur en pourrait dire autant?
On l'écoutait, on vantait sa mémoire.
Lui cependant, stylé parfaitement,
Bien convaincu du néant de la gloire,
Se rengorgeait toujours dévotement,
Et triomphait toujours modestement.
Quand il avait débité sa science,
Serrant le bec et parlant en cadence,
Il s'inclinait d'un air sanctifié;
Et laissait là son monde édifié.
Il n'avait dit que des phrases gentilles,
Que des douceurs, excepté quelques mots
De médisance, et tels propos de filles
Que par hasard on apprenait aux grilles,
Ou que nos sœurs traitaient dans leur enclos.
 Ainsi vivait dans ce nid délectable,
En maître, en saint, en sage véritable,
Père VER-VERT, cher à plus d'une Hébé,
Gras comme un moine et non moins vénérable,
Beau comme un cœur, savant comme un abbé,
Toujours aimé, comme toujours aimable,

Civilisé, musqué, pincé, rangé,
Heureux enfin s'il n'eût pas voyagé.

  Mais vint ce temps d'affligeante mémoire,
Ce temps critique où s'éclipse sa gloire.
O crime! ô honte! ô cruel souvenir!
Fatal voyage! aux yeux de l'avenir
Que ne peut-on en dérober l'histoire!
Ah! qu'un grand nom est un bien dangereux!
Un sort caché fut toujours plus heureux.
Sur cet exemple on peut ici m'en croire,
Trop de talens, trop de succès flatteurs,
Traînent souvent la ruine des mœurs.

  Ton nom, VER-VERT, tes prouesses brillantes,
Ne furent point bornés à ces climats;
La renommée annonça tes appas
Et vint porter ta gloire jusqu'à Nantes.
Là, comme on sait, la Visitation
A son bercail de révérendes mères,
Qui, comme ailleurs, dans cette nation,
A tout savoir ne sont pas les dernières;
Par quoi bientôt, apprenant des premières
Ce qu'on disait du perroquet vanté,
Désir leur vint d'en voir la vérité.
Désir de fille est un feu qui dévore,
Désir de nonne est cent fois pis encore.

  Déjà les cœurs s'envolent à Nevers;
Voilà d'abord vingt têtes à l'envers
Pour un oiseau. L'on écrit tout à l'heure

En Nivernais à la supérieure,
Pour la prier que l'oiseau plein d'attraits
Soit, pour un temps, amené par la Loire ;
Et que, conduit au rivage nantais,
Lui-même il puisse y jouir de sa gloire,
Et se prêter à de tendres souhaits.
 La lettre part. Quand viendra la réponse ?
Dans douze jours : quel siècle jusque-là !
Lettre sur lettre, et nouvelle semonce :
On ne dort plus ; sœur Cécile en mourra.
 Or, à Nevers arrive enfin l'épître.
Grave sujet ; on tient le grand chapitre.
Telle requête effarouche d'abord,
Perdre VER-VERT ! O ciel ! plutôt la mort !
Dans ces tombeaux, sous ces tours isolées,
Que ferons-nous si ce cher oiseau sort ?
Ainsi parlaient les plus jeunes voilées,
Dont le cœur vif, et las de son loisir,
S'ouvrait encore à l'innocent plaisir :
Et, dans le vrai, c'était la moindre chose
Que cette troupe étroitement enclose,
A qui d'ailleurs tout autre oiseau manquait,
Eût pour le moins un pauvre perroquet.
L'avis pourtant des mères assistantes,
De ce sénat antiques présidentes,
Dont le vieux cœur aimait moins vivement,
Fut d'envoyer le pupille charmant
Pour quinze jours ; car, en têtes prudentes,

CHANT SECOND.

Elles craignaient qu'un refus obstiné
Ne les brouillât avec nos sœurs de Nantes :
Ainsi jugea l'état embéguiné.
   Après ce bill des miladys de l'ordre,
Dans la commune arrive grand désordre :
Quel sacrifice ! y peut-on consentir ?
Est-il donc vrai ? dit la sœur Séraphine :
Quoi ! nous vivons, et VER-VERT va partir !
D'une autre part, la mère sacristine
Trois fois pâlit, soupire quatre fois,
Pleure, frémit, se pâme, perd la voix.
Tout est en deuil. Je ne sais quel présage
D'un noir crayon leur trace ce voyage ;
Pendant la nuit, des songes pleins d'horreur
Du jour encor redoublent la terreur.
Trop vains regrets ! l'instant funeste arrive :
Jà tout est près sur la fatale rive ;
Il faut enfin se résoudre aux adieux,
Et commencer une absence cruelle :
Jà chaque sœur gémit en tourterelle,
Et plaint d'avance un veuvage ennuyeux.
Que de baisers au sortir de ces lieux
Reçut VER-VERT ! Quelles tendres alarmes !
On se l'arrache, on le baigne de larmes :
Plus il est près de quitter ce séjour,
Plus on lui trouve et d'esprit et de charmes.
Enfin pourtant il a passé le tour :
Du monastère, avec lui, fuit l'Amour.

Pars, va, mon fils, vole où l'honneur t'appelle ;
Reviens charmant, reviens toujours fidèle ;
Que les zéphirs te portent sur les flots,
Tandis qu'ici dans un triste repos
Je languirai forcément exilée,
Sombre, inconnue, et jamais consolée ;
Pars, cher VER-VERT, et, dans ton heureux cours,
Sois pris partout pour l'aîné des Amours !
Tel fut l'adieu d'une nonnain poupine,
Qui, pour distraire et charmer sa langueur,
Entre deux draps avait à la sourdine
Très-souvent fait l'oraison dans Racine,
Et qui, sans doute, aurait, de très-grand cœur,
Loin du couvent suivi l'oiseau parleur.

Mais c'en est fait, on embarque le drôle,
Jusqu'à présent vertueux, ingénu,
Jusqu'à présent modeste en sa parole.
Puisse son cœur, constamment défendu,
Au cloître un jour rapporter sa vertu !
Quoi qu'il en soit, déjà la rame vole,
Du bruit des eaux les airs ont retenti ;
Un bon vent souffle, on part, on est parti.

CHANT TROISIÈME.

La même nef, légère et vagabonde,
Qui voiturait le saint oiseau sur l'onde,
Portait aussi deux nymphes, trois dragons,
Une nourrice, un moine, deux Gascons :
Pour un enfant qui sort du monastère,
C'était échoir en dignes compagnons !
Aussi Ver-Vert, ignorant leurs façons,
Se trouva là comme en terre étrangère ;
Nouvelle langue, et nouvelle leçons.
L'oiseau surpris n'entendait point leur style.
Ce n'étaient plus paroles d'évangile,
Ce n'étaient plus ces pieux entretiens,
Ces traits de bible et d'oraisons mentales,
Qu'il entendait chez nos douces vestales,
Mais de gros mots, et non des plus chrétiens :
Car les dragons, race assez peu dévote,
Ne parlaient là que langue de gargote ;
Charmant au mieux les ennuis du chemin,
Ils ne fêtaient que le patron du vin :
Puis les Gascons et les trois péronnelles
Y concertaient sur des tons de ruelles :
De leur côté les bateliers juraient,

Rimaient en dieu, blasphémaient et sacraient;
Leur voix, stylée aux tons mâles et fermes,
Articulait sans rien perdre des termes.
Dans le fracas, confus, embarrassé,
Ver-Vert gardait un silence forcé;
Triste, timide, il n'osait se produire,
Et ne savait que penser ni que dire.
   Pendant la route on voulut par faveur
Faire causer le perroquet rêveur.
Frère Lubin, d'un ton peu monastique,
Interrogea le beau mélancolique :
L'oiseau bénin prend son air de douceur,
Et, vous poussant un soupir méthodique,
D'un ton pédant répond, Ave, ma soeur.
A cet Ave, jugez si l'on dut rire;
Tous en chorus bernent le pauvre sire.
Ainsi berné, le novice interdit
Comprit en soi qu'il n'avait pas bien dit,
Et qu'il serait malmené des commères,
S'il ne parlait la langue des confrères :
Son coeur, né fier, et qui, jusqu'à ce temps,
Avait été nourri d'un doux encens,
Ne put garder sa modeste constance
Dans cet assaut de mépris flétrissans :
A cet instant, en perdant patience,
Ver-Vert perdit sa première innocence.
Dès-lors ingrat, en soi-même il maudit
Les chères soeurs ses premières maîtresses,

CHANT TROISIÈME.

Qui n'avaient pas su mettre en son esprit
Du beau français les brillantes finesses,
Les sons nerveux et les délicatesses.
A les apprendre il met donc tous ses soins,
Parlant très-peu, mais n'en pensant pas moins.
D'abord l'oiseau, comme il n'était pas bête,
Pour faire place à de nouveaux discours,
Vit qu'il devait oublier pour toujours
Tous les gaudés qui farcissaient sa tête ;
Ils furent tous oubliés en deux jours,
Tant il trouva la langue à la dragonne
Plus du bel air que les termes de nonne !
En moins de rien, l'éloquent animal,
(Hélas ! jeunesse apprend trop bien le mal !)
L'animal, dis-je, éloquent et docile,
En moins de rien fut rudement habile.
Bien vite il sut jurer et maugréer
Mieux qu'un vieux diable au fond d'un bénitier.
Il démentit les célèbres maximes
Où nous lisons qu'on ne vient aux grands crimes
Que par degrés : il fut un scélérat
Profès d'abord, et sans noviciat.
Trop bien sut-il graver en sa mémoire
Tout l'alphabet des bateliers de Loire;
Dès qu'un d'iceux, dans quelque vertigo,
Lâchait un mor...! VER-VERT faisait l'écho :
Lors applaudi par la bande susdite,
Fier et content de son petit mérite,

Il n'aima plus que le honteux honneur
De savoir plaire au monde suborneur ;
Et, dégradant son généreux organe,
Il ne fut plus qu'un orateur profane.
Faut-il qu'ainsi l'exemple séducteur
Du ciel au diable emporte un jeune cœur !
    Pendant ces jours, durant ces tristes scènes,
Que faisiez-vous dans vos cloîtres déserts,
Chastes Iris du couvent de Nevers?
Sans doute, hélas! vous faisiez des neuvaines
Pour le retour du plus grand des ingrats,
Pour un volage indigne de vos peines,
Et qui, soumis à de nouvelles chaînes,
De vos amours ne faisait plus de cas.
Sans doute alors l'accès du monastère
Était d'ennuis tristement obsédé ;
La grille était dans un deuil solitaire,
Et le silence était presque gardé.
Cessez vos vœux, Ver-Vert n'en est plus digne ;
Ver-Vert n'est plus cet oiseau révérend,
Ce perroquet d'une humeur si bénigne,
Ce cœur si pur, cet esprit si fervent.
Vous le dirai-je? il n'est plus qu'un brigand,
Lâche apostat, blasphémateur insigne :
Les vents légers et les nymphes des eaux
Ont moissonné le fruit de vos travaux.
Ne vantez point sa science infinie :
Sans la vertu, que vaut un grand génie?

CHANT TROISIÈME.

N'y pensez plus : l'infâme a, sans pudeur,
Prostitué ses talens et son cœur.
  Déjà pourtant on approche de Nantes,
Où languissaient nos sœurs impatientes :
Pour leurs désirs le jour trop tard naissait,
Des cieux trop tôt le jour disparaissait.
Dans ces ennuis, l'espérance flatteuse,
A nous tromper toujours ingénieuse,
Leur promettait un esprit cultivé :
Un perroquet noblement élevé,
Une voix tendre, honnête, édifiante ;
Des sentimens, un mérite achevé
Mais ô douleur ! ô vaine et fausse attente !
  La nef arrive, et l'équipage en sort.
Une tourière était assise au port.
Dès le départ de la première lettre,
Là chaque jour elle venait se mettre ;
Ses yeux, errant sur le lointain des flots,
Semblaient hâter le vaisseau du héros.
En débarquant auprès de la béguine,
L'oiseau madré la connut à sa mine,
A son œil prude ouvert en tapinois,
A sa grand'coiffe, à sa fine étamine,
A ses gants blancs, à sa mourante voix,
Et, mieux encor, à sa petite croix :
Il en frémit, et même il est croyable
Qu'en militaire il la donnait au diable ;
Trop mieux aimant suivre quelque dragon,

Dont il savait le bachique jargon,
Qu'aller apprendre encor les litanies,
La révérence, et les cérémonies.
Mais force fut au grivois dépité
D'être conduit au gîte détesté.
Malgré ses cris, la tourière l'emporte :
Il la mordait, dit-on, de bonne sorte,
Chemin faisant ; les uns disent au cou,
D'autres au bras; on ne sait pas bien où :
D'ailleurs, qu'importe ? A la fin, non sans peine,
Dans le couvent la béate l'emmène ;
Elle l'annonce. Avec grande rumeur
Le bruit en court. Aux premières nouvelles
La cloche sonne. On était lors au chœur ;
On quitte tout, on court, on a des ailes :
« C'est lui, ma sœur ! il est au grand parloir ! »
On vole en foule, on grille de le voir ;
Les vieilles même, au marcher symétrique,
Des ans tardifs ont oublié le poids :
Tout rajeunit; et la mère Angélique
Courut alors pour la première fois.

CHANT QUATRIÈME.

On voit enfin, on ne peut se repaître
Assez les yeux des beautés de l'oiseau :
C'était raison, car le fripon pour être
Moins bon garçon n'en était pas moins beau ;
Cet œil guerrier et cet air petit-maître
Lui prêtaient même un agrément nouveau.
Faut-il, grand Dieu! que sur le front d'un traître
Brillent ainsi les plus tendres attraits!
Que ne peut-on distinguer et connaître
Les cœurs pervers à de difformes traits!
Pour admirer les charmes qu'il rassemble,
Toutes les sœurs parlent toutes ensemble :
En entendant cet essaim bourdonner,
On eût à peine entendu Dieu tonner.
Lui cependant, parmi tout ce vacarme,
Sans daigner dire un mot de piété,
Roulait les yeux d'un air de jeune Carme.
Premier grief. Cet air trop effronté
Fut un scandale à la communauté.
En second lieu, quand la mère prieure,
D'un air auguste, en fille intérieure,
Voulut parler à l'oiseau libertin,

Pour premiers mots et pour toute réponse,
Nonchalamment, et d'un air de dédain,
Sans bien songer aux horreurs qu'il prononce,
Mon gars répond, avec un ton faquin :
« Par la corbleu ! que les nonnes sont folles ! »
L'histoire dit qu'il avait, en chemin,
D'un de la troupe entendu ces paroles.
A ce début, la sœur Saint-Augustin,
D'un air sucré, voulant le faire taire,
Et lui disant, Fi donc, mon très-cher frère !
Le très-cher frère, indocile et mutin,
Vous la rima très-richement en tain.
Vive Jésus ! il est sorcier, ma mère !
Reprend la sœur. Juste Dieu ! quel coquin !
Quoi ! c'est donc là ce perroquet divin ?
Ici VER-VERT, en vrai gibier de Grève,
L'apostropha d'un LA PESTE TE CRÈVE !
Chacune vint pour brider le caquet
Du grenadier, chacune eut son paquet :
Turlupinant les jeunes précieuses,
Il imitait leur courroux babillard ;
Plus déchaîné sur les vieilles grondeuses,
Il bafouait leur sermon nasillard.

 Ce fut bien pis, quand, d'un ton de corsaire,
Las, excédé de leurs fades propos,
Bouffi de rage, écumant de colère,
Il entonna tous les horribles mots
Qu'il avait su rapporter des bateaux ;

Jurant, sacrant d'une voix dissolue,
Faisant passer tout l'enfer en revue,
Les B. les F. voltigeaient sur son bec.
Les jeunes sœurs crurent qu'il parlait grec.
« Jour de Dieu ! mor...! mille pipes de diables ! »
Toute la grille, à ces mots effroyables,
Tremble d'horreur ; les nonnettes sans voix
Font, en fuyant, mille signes de croix :
Toutes, pensant être à la fin du monde,
Courent en poste aux caves du couvent ;
Et sur son nez la mère Cunégonde
Se laissant choir perd sa dernière dent.
Ouvrant à peine un sépulcral organe :
Père éternel ! dit la sœur Bibiane,
Miséricorde ! Ah ! qui nous a donné
Cet antechrist, ce démon incarné ?
Mon doux sauveur ! en quelle conscience
Peut-il ainsi jurer comme un damné ?
Est-ce donc là l'esprit et la science
De ce Ver-Vert si chéri, si prôné ?
Qu'il soit banni, qu'il soit remis en route.
O Dieu d'amour ! reprend la sœur Écoute,
Quelles horreurs ! chez nos sœurs de Nevers,
Quoi ! parle-t-on ce langage pervers ?
Quoi ! c'est ainsi qu'on forme la jeunesse !
Quel hérétique ! ô divine sagesse !
Qu'il n'entre point : avec ce Lucifer,
En garnison nous aurions tout l'enfer.

Conclusion : VER-VERT est mis en cage ;
On se résout, sans tarder davantage,
A renvoyer le parleur scandaleux.
Le pélerin ne demandait pas mieux.
Il est proscrit, déclaré détestable,
Abominable, atteint et convaincu
D'avoir tenté d'entamer la vertu
Des saintes sœurs. Toutes de l'exécrable
Signent l'arrêt, en pleurant le coupable ;
Car quel malheur qu'il fût si dépravé,
N'étant encor qu'à la fleur de son âge,
Et qu'il portât, sous un si beau plumage,
La fière humeur d'un escroc achevé,
L'air d'un païen, le cœur d'un réprouvé !

Il part enfin, porté par la tourière,
Mais sans la mordre en retournant au port ;
Une cabane emporte le compère,
Et, sans regret, il fuit ce triste bord.

De ses malheurs telle fut l'Iliade.
Quel désespoir, lorsqu'enfin de retour
Il vint donner pareille sérénade,
Pareil scandale en son premier séjour !
Que résoudront nos sœurs inconsolables ?
Les yeux en pleurs, les sens d'horreur troublés,
En manteaux longs, en voiles redoublés,
Au discrétoire entrent neuf vénérables ;
Figurez-vous neuf siècles assemblés.
Là, sans espoir d'aucun heureux suffrage,

CHANT QUATRIÈME.

Privé des sœurs qui plaideraient pour lui,
En plein parquet enchaîné dans sa cage,
Ver-Vert paraît sans gloire et sans appui.
On est aux voix : déjà deux des sibylles
En billets noirs ont crayonné sa mort;
Deux autres sœurs, un peu moins imbéciles,
Veulent qu'en proie à son malheureux sort
On le renvoie au rivage profane
Qui le vit naître avec le noir bracmane :
Mais, de concert, les cinq dernières voix
Du châtiment déterminent le choix.
On le condamne à deux mois d'abstinence,
Trois de retraite, et quatre de silence;
Jardins, toilette, alcoves et biscuits,
Pendant ce temps lui seront interdits.
Ce n'est point tout; pour comble de misère,
On lui choisit pour garde, pour geolière,
Pour entretien, l'Alecton du couvent,
Une converse, infante douairière,
Singe voilé, squelette octogénaire,
Spectacle fait pour l'œil d'un pénitent.
Malgré les soins de l'Argus inflexible,
Dans leurs loisirs souvent d'aimables sœurs,
Venant le plaindre avec un air sensible,
De son exil suspendaient les rigueurs.
Sœur Rosalie, au retour de matines,
Plus d'une fois lui porta des pralines :
Mais, dans les fers, loin d'un libre destin,

Tous les bonbons ne sont que chicotin.
   Couvert de honte, instruit par l'infortune,
Ou las de voir sa compagne importune,
L'oiseau contrit se reconnut enfin :
Il oublia le dragon et le moine,
Et, pleinement remis à l'unisson
Avec nos sœurs pour l'air et pour le ton,
Il redevint plus dévot qu'un chanoine.
Quand on fut sûr de sa conversion,
Le vieux divan, désarmant sa vengeance,
De l'exilé borna la pénitence.
   De son rappel, sans doute, l'heureux jour
Va pour ces lieux être un jour d'alégresse :
Tous ses instans, donnés à la tendresse,
Seront filés par la main de l'Amour.
Que dis-je? hélas! ô plaisirs infidèles!
O vains attraits de délices mortelles!
Tous les dortoirs étaient jonchés de fleurs ;
Café parfait, chansons, course légère,
Tumulte aimable et liberté plénière,
Tout exprimait de charmantes ardeurs,
Rien n'annonçait de prochaines douleurs :
Mais, de nos sœurs ô largesse indiscrète!
Du sein des maux d'une longue diète
Passant trop tôt dans des flots de douceurs,
Bourré de sucre et brûlé de liqueurs,
VER-VERT, tombant sur un tas de dragées,
En noirs cyprès vit ses roses changées.

CHANT QUATRIÈME.

En vain les sœurs tâchaient de retenir
Son âme errante et son dernier soupir ;
Ce doux excès hâtant sa destinée,
Du tendre Amour victime fortunée,
Il expira dans le sein du plaisir.
On admirait ses paroles dernières.
Vénus enfin, lui fermant les paupières,
Dans l'Élysée et les sacrés bosquets
Le mène au rang des héros perroquets,
Près de celui dont l'amant de Corine
A pleuré l'ombre et chanté la doctrine.

 Qui peut narrer combien l'illustre mort
Fut regretté ? La sœur dépositaire
En composa la lettre circulaire
D'où j'ai tiré l'histoire de son sort.
Pour le garder à la race future,
Son portrait fut tiré d'après nature :
Plus d'une main, conduite par l'Amour,
Sut lui donner une seconde vie
Par les couleurs et par la broderie ;
Et la Douleur, travaillant à son tour,
Peignit, broda des larmes alentour.
On lui rendit tous les honneurs funèbres
Que l'Hélicon rend aux oiseaux célèbres.
Au pied d'un myrte on plaça le tombeau
Qui couvre encor le Mausole nouveau.
Là, par la main des tendres Artémises,
En lettres d'or ces rimes furent mises

Sur un porphyre environné de fleurs;
En les lisant on sent naître ses pleurs:

   Novices qui venez causer dans ces bocages
      A l'insu de nos graves sœurs,
  Un instant, s'il se peut, suspendez vos ramages,
      Apprenez nos malheurs.
    Vous vous taisez! Si c'est trop vous contraindre,
     Parlez, mais parlez pour nous plaindre;
 Un mot vous instruira de nos tendres douleurs:
    Ci-gît Ver-Vert; ci-gisent tous les cœurs.

On dit pourtant (pour terminer ma glose
En peu de mots) que l'ombre de l'oiseau
Ne loge plus dans le susdit tombeau,
Que son esprit dans les nonnes repose,
Et qu'en tout temps, par la métempsycose,
De sœur en sœur l'immortel perroquet
Transportera son âme et son caquet.

ADIEUX AUX JÉSUITES.

A M. L'ABBÉ MARQUET.

  La prophétie est accomplie,
  Cher abbé, je reviens à toi;
  La métamorphose est finie,
  Et mes jours enfin sont à moi.
Victime, tu le sais, d'un âge où l'on s'ignore,
  Porté du berceau sur l'autel,
  Je m'entendais à peine encore,
Quand j'y vins bégayer l'engagement cruel....
Nos goûts font nos destins; l'astre de ma naissance
  Fut la paisible liberté;
Pouvais-je en fuir l'attrait? Né pour l'indépendance,
Devais je plus long-temps souffrir la violence
  D'une lente captivité?
C'en est fait; à mon sort ma raison me ramène.
Mais, ami, t'avoûrai-je un tendre sentiment
Que ton cœur généreux reconnaîtra sans peine?
Oui, même en la brisant, j'ai regretté ma chaîne;
Et je ne me suis vu libre qu'en soupirant :
Je dois tous mes regrets aux sages que je quitte.
J'en perds avec douleur l'entretien vertueux;

Et si dans leurs foyers désormais je n'habite,
    Mon cœur me survit auprès d'eux.
Car ne les crois pas tels que la main de l'envie
    Les peint à des yeux prévenus ;
Si tu ne les connais que sur ce qu'en publie
    La ténébreuse calomnie,
    Ils te sont encore inconnus.
Lis, et vois de leurs mœurs des traits plus ingénus.
Qu'il m'est doux de pouvoir leur rendre un témoignage
Dont l'intérêt, la crainte et l'espoir sont exclus !
    A leur sort le mien ne tient plus,
L'impartialité va tracer leur image.
Oui, j'ai vu des mortels, j'en dois ici l'aveu,
    Trop combattus, connus trop peu,
J'ai vu des esprits vrais, des cœurs incorruptibles,
Voués à la patrie, à leurs rois, à leur Dieu,
    A leurs propres maux insensibles,
Prodigues de leurs jours, tendres, parfaits amis,
    Et souvent bienfaiteurs paisibles
    De leurs plus fougueux ennemis,
Trop estimés enfin pour être moins haïs.
Que d'autres, s'exhalant, dans leur haine insensée,
    En reproches injurieux,
Cherchent, en les quittant, à les rendre odieux :
Pour moi, fidèle au vrai, fidèle à ma pensée,
C'EST AINSI QU'EN PARTANT JE LEUR FAIS MES ADIEUX.

LE CARÊME INPROMPTU.

—

Sous un ciel toujours rigoureux,
Au sein des flots impétueux,
Non loin de l'armorique plage,
Il est une île, affreux rivage,
Habitacle marécageux,
Moitié peuplé, moitié sauvage,
Dont les habitans malheureux,
Séparés du reste du monde,
Semblent ne connaître que l'onde,
Et n'être connus que des cieux.
Des nouvelles de la nature
Viennent rarement sur ces bords;
On n'y sait que par aventure,
Et par de très-tardifs rapports,
Ce qui se passe sur la terre,
Qui fait la paix, qui fait la guerre,
Qui sont les vivans et les morts.
   De cette étrange résidence
Le curé, sans trop d'embarras,
Enseveli dans l'indolence
D'une héréditaire ignorance,

Vit de baptême et de trépas,
Et d'offices qu'il n'entend pas.
Parmi les notables de l'île,
Il est regardé comme habile
Quand il peut dire quelquefois
Le mois de l'an, le jour du mois.
On va penser que j'exagère,
Et que j'outre ce caractère.
« Qu'elle apparence? dira-t-on :
Quelle île assez abandonnée
Ignore le temps de l'année?
Non, ce trait ne peut être bon
Que dans une île imaginée
Par le fabuleux Robinson. »

 De grâce, censeur incrédule,
Ne jugez point sur ce soupçon;
Un fait narré sans fiction
Va vous enlever ce scrupule :
Il porte la conviction;
Je n'y mettrai que la façon.

 Le curé de l'île susdite,
Vieux papa, bon israélite
(N'importe quand advint le cas),
N'avait point, avant les étrennes,
Fait apporter de nos climats
De guide-ânes ni d'almanachs
Pour le guider dans ses antiennes
Et régler ses petits états.

Il reconnut sa négligence;
Mais trop tard vint la prévoyance.
   La saison ne permettait pas
De faire voile vers la France;
Abandonnée aux noirs frimas,
La mer n'était plus praticable;
Et l'on n'espérait les bons vents
Qui rendent l'onde navigable
Et le continent abordable
Qu'à la naissance du printemps.
   Pendant ces trois mois de tempête,
Que faire sans calendrier?
Comment placer les jours de fête?
Comment les différencier?
Dans une pareille méprise,
Quelque autre curé plus savant
N'aurait pu régir son église;
Et peut-être dévotement,
Bravant les fougues de la bise,
Se serait livré, sans remise,
Aux périls du moite élément:
Mais pour une telle imprudence,
Doué d'un trop bon jugement,
Notre bon prêtre assurément
Chérissait trop son existence;
C'était d'ailleurs un vieux routier
Qui s'étant fait une habitude
Des fonctions de son métier,

Officiait sans trop d'étude,
Et qui, dans sa décrépitude,
Dégoisait psaumes et leçons,
Sans y faire tant de façons.
Prenant donc son parti sans peine,
Il annonce le premier mois,
Et recommande par trois fois
A son assistance chrétienne
De ne point finir la semaine
Sans chômer la fête des Rois.
Ces premiers points étaient faciles ;
Il ne trouva de l'embarras
Qu'en pensant qu'il ne saurait pas
Où ranger les fêtes mobiles.
Qu'y faire enfin ? Peu scrupuleux,
Il décida, ne pouvant mieux,
Que ces fêtes, comme ignorées,
Ne seraient chez lui célébrées
Que quand, au retour du zéphyr,
Lui-même il aurait pu venir
Prendre langue dans nos contrées.
Il crut cet avis selon Dieu :
Ce fut celui de son vicaire,
De Javotte sa ménagère,
Et de son magister Matthieu,
La plus forte tête du lieu.
  Ceci posé, janvier se passe ;
Plus agile encor dans son cours,

LE CARÊME IMPROMPTU.

Février fuit, mars le remplace,
Et l'aquilon régnait toujours :
Du printemps avec patience
Attendant le prochain retour,
Et sur l'annuelle abstinence
Prétendant cause d'ignorance,
Ou, bonnement et sans détour,
Par faute de réminiscence,
Notre vieux curé, chaque jour,
Se mettait sur la conscience
Un chapon de sa basse-cour.
Cependant, poursuit la chronique,
Le carême, depuis un mois,
Sur tout l'univers catholique,
Étendait ses austères lois :
L'île seule, grâce au bon homme,
A l'abri des statuts de Rome,
Voyait ses libres habitans
Vivre en gras pendant tout ce temps.
De vrai, ce n'était fine chère ;
Mais cependant chaque insulaire,
Mi-paysan et mi-bourgeois,
Pouvait parer son ordinaire
D'un fin lard flanqué de vieux pois.
A l'exemple du presbytère,
Tous, dans cette erreur salutaire,
Soupaient pour nous d'un cœur joyeux,
Tandis que nous jeûnions pour eux.

Enfin pourtant le froid Borée
Quitta l'onde plus tempérée.
Voyant qu'il était plus que temps
D'instruire nos impénitens,
Le diable, content de lui-même,
Ne retarda plus le printemps :
C'était lui qui, par stratagème,
Leur rendant contraire tout vent,
Avait voulu, chemin faisant,
Leur escamoter un carême,
Pour se divertir en passant.
Le calme rétabli sur l'onde,
Mon curé, selon son serment,
Pour voir comment allait le monde
S'embarque sans retardement,
S'étant bien lesté la bedaine
De quatre tranches de jambon
(Fait digne de réflexion;
Car de la sainte quarantaine
Déjà la cinquième semaine
Venait de commencer son cours).
Il vient : il trouve avec surprise
Que dans l'empire de l'Église
Pâques revenait dans dix jours.
« Dieu soit loué ! prenons courage,
Dit-il enfonçant son castor.
Grâce au Seigneur, notre voyage
Se trouve fait à temps encor

LE CARÊME IMPROMPTU.

Pour pouvoir, dans mon ermitage,
Fêter Pâques selon l'usage. »
   Content, il rentre sur son bord,
Après avoir fait ses emplettes
Et d'almanachs et de lunettes :
Il part, il arrive à bon port
Dans ses solitaires retraites.
Le lendemain, jour des Rameaux,
Prônant avec un zèle extrême,
Il notifie à ses vassaux
La date de notre carême.
« Mais, poursuit-il, j'ai mon système,
Mes frères, nous n'y perdrons rien,
Et nous le rattraperons bien :
D'abord, avant notre abstinence,
Pour garder l'usage ancien
Et bien remplir toute observance,
Le Mardi gras sera mardi ;
Le jour des Cendres, mercredi ;
Suivront trois jours de pénitence,
Dans toute l'île on jeûnera ;
Et dimanche, unis à l'église,
Sans plus craindre aucune méprise,
   Nous chanterons l'ALLELUIA. »

LE LUTRIN VIVANT.

A M. L'ABBÉ DE SÉGONZAC.

De mes écrits aimable confident,
Cher Ségonzac, ma muse solitaire,
De ses ennuis brisant la chaîne austère,
Vient près de toi retrouver l'enjoûment.
Je m'en souviens, lorsqu'un sort plus charmant,
Nous unissait sur les rives de Loire,
Aux champs heureux dont Tours est l'ornement,
Lieux toujours chers au dieu de l'agrément,
Je te promis qu'au temple de mémoire
Je placerais le pupitre vivant,
Dont je t'appris la naissance et la gloire.
Je l'ai promis; je remplis mon serment.
A dire vrai, cette moderne histoire
Est un peu folle, il en faut convenir.
Est-ce un défaut? Non, si c'est un plaisir.
Dans les langueurs de la mélancolie,
Quoi! la sagesse est-elle de saison?
Un trait comique, une vive saillie,
Marqués au coin de l'aimable folie,
Consolent mieux qu'une froide oraison
Que prêche en vain l'ennuyeuse raison.

Quoi qu'il en soit, ma Minerve sévère
Adoucira ces grotesques portraits,
Et les voilant d'une gaze légère
Ne montrera que la moitié des traits.
Venons au fait. Honni qui mal y pense!
Attention : j'ai toussé, je commence.

Non loin des bords du Cher et de l'Auron,
Dans un climat dont je tairai le nom,
Est un vieux bourg dont l'église sans vitres
A pour clergé le plus gueux des chapitres.
Là ne sont point de ces mortels fleuris
Qui, dans les bras d'une heureuse indolence,
Exempts d'étude et libres d'abstinence,
N'ont qu'à nourrir leur brillant coloris :
On ne voit là que pâles effigies
Qui de champagne onc ne furent rougies,
Que maigres clercs, chanoines avortons,
Sans rabats fins et sans triples mentons;
Contraints d'aller, traînant leurs faces blêmes,
A chaque office, et de chanter eux-mêmes.
Ils ont pourtant, pour aider leur labeur,
Un chapelain et quatre enfans de chœur [1],

---

[1] Il semble manquer un vers féminin. Gresset n'a jamais fait la faute de mettre de suite deux vers masculins. Pour remédier à cette négligence qui ne peut s'attribuer qu'aux premiers éditeurs, on pourrait intercaler le vers suivant :

Dont l'espérance est l'unique salaire.

Ces jouvenceaux ont leur gîte arrêté
Chez dame Barbe : elle leur sert de mère
Et de soutien ; le public est leur père.
 Il faut savoir, pour plus grande clarté,
Que dame Barbe est une octogénaire,
Fille jadis, aujourd'hui douairière,
Qui, dès seize ans, d'un siècle corrompu
Craignant l'écueil, pour mettre sa vertu
Mieux à couvert des mondains et des moines,
Crut devoir vivre auprès d'un des chanoines,
D'abord servante : ensuite, adroitement
Elle parvint jusqu'au gouvernement.
Déjà trois fois elle a vu dans l'église
De père en fils chaque charge transmise ;
Barbe, en un mot, au chapitre susdit,
De race en race a gardé son crédit.
Or, chez ladite arriva notre histoire
En juin dernier ; l'aventure est notoire.
 Par cas fortuit, l'enfant de chœur Lucas.
Avait usé l'étui des pays-bas ;
Vous m'entendez, sa culotte trop mûre
Le trahissait par mainte découpure :
Déjà la brèche augmentant tous les jours
Démantelait la place et les faubourgs.
Barbe le voit, s'attendrit : mais que faire ?
Elle était pauvre, et l'étoffe était chère ;
D'une autre part le chapitre était gueux ;
Et puis, d'ailleurs, le petit malheureux,

LE LUTRIN VIVANT.

Ouvrage né d'un auteur anonyme,
Ne connaissant parens ni légitime,
N'avait en tout, dans ce stérile lieu,
Pour se chauffer, que la grâce de Dieu.
Il languissait dans une triste attente,
Gardant la chambre, et rarement debout.
Enfin, pourtant, l'habile gouvernante
Sut lui former une armure décente,
A peu de frais et dans un nouveau goût.
Nécessité tire parti de tout :
Nécessité d'industrie est la mère.
   Chez Barbe était un vieux antiphonaire,
Vieux graduel, ample et poudreux bouquin,
Dont aux bons jours on parait le lutrin.
D'epais lambeaux d'un parchemin gothique
Formaient le corps de ce grimoire antique :
De ces feuillets de la crasse endurcis
L'âge avait fait une étoffe en glacis.
La vieille crut qu'on pouvait sans dommages
Du livre affreux détacher quelques pages :
Elle en prend quatre et les coud proprement
Pour relier un volume vivant.
Mais le hasard voulut que l'ouvrière,
Très-peu savante en pareille matière,
Dans les feuillets qu'elle prit sans façon,
Prit justement la messe du patron.
L'ouvrage fait, elle en coiffe à la diable
L'humanité du petit misérable :

Par quoi Lucas, chamarré de plain-chant,
Ne craignait plus les insultes du vent.
    Or, cependant, arrive la Saint-Brice,
Fête du lieu, fête du grand office.
Le maître chantre, intendant du lutrin,
Vient au grand livre : il cherche, mais en vain ;
A feuilleter il perd et temps et peines :
Il jure, il sacre, et s'imagine enfin
Qu'un chœur de rats a mangé les antiennes.
Mais par bonheur, dans ce triste embarras,
Ses yeux distraits rencontrent mon Lucas,
Qui, de grimauds renforçant une troupe,
Sans le savoir portait l'office en croupe.
Le chantre lit, et retrouve au niveau
Tous ses versets sur ce livre nouveau.
Sur l'heure il fait son rapport au chapitre :
On délibère, on décide soudain
Que le marmot, braqué sur le pupitre,
Y servira de livre et de lutrin.
Sur cet arrêt, on le style au service ;
En quatre tours il apprend l'exercice.
Déjà d'un air intrépide et dévot
Lucas s'accroche à l'aigle du pivot ;
A livre ouvert, le chapier en lunettes
Vient entonner : un groupe de mazettes
Très-gravement poursuit ce chant falot,
Concert grotesque et digne de Callot.
    Tout allait bien jusques à l'évangile :

LE LUTRIN VIVANT.

Ferme, et plus fier qu'un sénateur romain,
Lucas, tenant sa façade immobile,
Avec succès aurait gagné la fin :
Mais, par malheur, une guêpe incivile,
Par la couture entr'ouvrant le vélin,
Déconcerta le sensible lutrin.
D'abord il souffre, il se fait violence,
Et tenant bon il enrage en silence :
Mais l'aiguillon allant toujours son train,
Pour éviter l'insecte impitoyable,
Le lutrin fuit en criant comme un diable,
Et, loin de là, va, partant comme un trait,
Pour se guérir, retourner le feuillet.
Le fait est sûr : sans peine on peut m'en croire,
De deux Gascons je tiens toute l'histoire.

    C'est pour toi seul, ami tendre et charmant,
Que j'ai permis à ma muse exilée,
Loin de tes yeux tristement isolée,
De s'égayer sur cet amusement,
Fruit d'un caprice, ouvrage d'un moment :
Que loin de toi jamais il ne transpire.
    Si par hasard il vient à d'autres yeux,
Les esprits francs qui daigneront le lire,
Sans s'appliquer, follement scrupuleux,
A me trouver un crime dans mes jeux,
Honoreront peut-être d'un sourire
Ce libre essor d'un aimable délire,
Délassement d'un travail sérieux.

Pour les bigots et les froids précieux,
Peuple sans goût, gens qu'un faux zèle inspire,
De nos chansons critiques ténébreux,
Censeurs de tout, exempts de rien produire,
Sans trop d'effroi je m'attends à leur ire.
Déjà j'en vois un trio langoureux
S'ensevelir dans un réduit poudreux,
Fronder mes vers, foudroyer et proscrire
Ce badinage, en faire un monstre affreux.
Je les entends gravement s'entre-dire,
D'un air capable et d'un ton doucereux :
« Y pense-t-il ? Quel écrit scandaleux !
Quel temps perdu ! Pourquoi, s'il veut écrire,
Ne prend-il point des sujets plus pompeux,
Des traits moraux, des éloges fameux ?... »
Mais dédaignant leur absurde satire,
Aimable abbé, nous ne ferons que rire
De voir ainsi ces graves ennuyeux
Perdre, à gronder, à me chercher des crimes,
Bien plus de temps et de peines entre eux
Que je n'en perds à façonner ces rimes.

Pour toi, fidèle au goût, au sentiment,
Franc des travers de leur aigre doctrine,
Tu n'iras point peser stoïquement,
Au grave poids d'une raison chagrine,
Les jeux légers d'une muse badine.
Non ; la raison, celle que tu chéris,
A ses côtés laisse marcher les ris,

Et laisse au froc ces vertus trop fardées
Qu'un plaisir fin n'a jamais déridées.
Ainsi pensait l'amusant du Cerceau
Sage, enjoué, vertueux sans rudesse,
Des sages faux évitant la tristesse,
Il badina sans s'écarter du beau,
Et sans jamais effrayer la sagesse :
Ainsi les traits de son heureux pinceau
Plairont toujours, et de races en races
Vivront gravés dans les fastes des Grâces ;
Et les censeurs obstinés à ternir
Son art chéri, par l'ennui pédantesque
D'un français fade ou d'un latin tudesque,
Endormiront les siècles à venir.

LA CHARTREUSE.

ÉPÎTRE A M. D. D. N.

Pourquoi de ma sage indolence
Interrompez-vous l'heureux cours?
Soit raison, soit indifférence,
Dans une douce négligence,
Et loin des muses pour toujours,
J'allais racheter en silence
La perte de mes premiers jours;
Transfuge des routes ingrates
De l'infructueux Hélicon,
Dans les retraites des Socrates
J'allais jouir de ma raison,
Et m'arracher, malgré moi-même,
Aux délicieuses erreurs
De cet art brillant et suprême
Qui, malgré ses attraits flatteurs,
Toujours peu sûr et peu tranquille,
Fait de ses plus chers amateurs
L'objet de la haine imbecile
Des pédans, des prudes, des sots,
Et la victime des cagots.
Mais votre épître enchanteresse,

LA CHARTREUSE.

Pour moi trop prodigue d'encens,
Des douces vapeurs du Permesse
Vient encore enivrer mes sens.
Vainement j'abjurais la rime;
L'haleine légère des vents
Emportait mes faibles sermens :
Aminte, votre goût ranime
Mes accords et ma liberté;
Entre Uranie et Terpsichore,
Je reviens m'amuser encore
Au Pinde que j'avais quitté.
Tel, par sa pente naturelle,
Par une erreur toujours nouvelle,
Quoiqu'il semble changer son cours,
Autour de la flamme infidèle
Le papillon revient toujours.

Vous voyez qu'en rimes légères
Je vous offre des traits sincères
Du gîte où je suis transplanté :
Mais comment faire, en vérité?
Entouré d'objets déplorables,
Pourrai-je de couleurs aimables
Égayer le sombre tableau
De mon domicile nouveau?
Y répandrai-je cette aisance,
Ces sentimens, ces traits diserts,
Et cette molle négligence
Qui, mieux que l'exacte cadence,

Embellit les aimables vers?
Je ne suis plus dans ces bocages
Où, plein de riantes images,
J'aimai souvent à m'égarer ;
Je n'ai plus ces fleurs, ces ombrages,
Ni vous même, pour m'inspirer.

Quand, arraché de vos rivages
Par un destin trop rigoureux,
J'entrai dans ces manoirs sauvages,
Dieux! quel contraste douloureux!
Au premier aspect de ces lieux,
Pénétré d'une horreur secrète,
Mon cœur subitement flétri,
Dans une surprise muette
Resta long-temps enseveli.
Quoi qu'il en soit, je vis encore ;
Et, malgré vingt sujets divers
De regrets et de tristes airs,
Ne craignez point que je déplore
Mon infortune dans ces vers.
De l'assoupissante élégie
Je méprise trop les fadeurs ;
Phébus me plonge en léthargie
Dès qu'il fredonne des langueurs :
Je cesse d'estimer Ovide
Quand il vient sur de faibles tons
Me chanter, pleureur insipide,
De longues lamentations.

Un esprit mâle et vraiment sage,
Dans le plus invincible ennui,
Dédaignant le triste avantage
De se faire plaindre d'autrui,
Dans une égalité hardie
Foule aux pieds la terre et le sort,
Et joint au mépris de la vie
Un égal mépris de la mort :
Mais, sans cette âpreté stoïque,
Vainqueur du chagrin léthargique,
Par un heureux tour de penser
Je sais me faire un jeu comique
Des peines que je vais tracer.
Ainsi l'aimable poésie,
Qui dans le reste de la vie
Porte assez peu d'utilité,
De l'objet le moins agréable
 Vient adoucir l'austérité;
Et nous sauve, au moins, par la fable,
Des ennuis de la vérité.
C'est par cette vertu magique
Du télescope poétique
Que je retrouve encor les ris
Dans la lucarne infortunée
Où la bizarre destinée
Vient de m'enterrer à Paris.
 Sur cette montagne empestée
Où la foule toujours crottée

De prestolets provinciaux
Trotte sans cause et sans repos,
Vers ces demeures odieuses
Où règnent les longs argumens
Et les harangues ennuyeuses,
Loin du séjour des agrémens;
Enfin, pour fixer votre vue,
Dans cette pédantesque rue
Où trente faquins d'imprimeurs,
Avec un air de conséquence,
Donnent froidement audience
A cent faméliques auteurs,
Il est un édifice immense
Où, dans un loisir studieux,
Les doctes arts forment l'enfance
Des fils des héros et des dieux :
Là, du toit d'un cinquième étage
Qui domine avec avantage
Tout le climat grammairien,
S'élève un antre aérien,
Un astrologique ermitage,
Qui paraît mieux, dans le lointain,
Le nid de quelque oiseau sauvage
Que la retraite d'un humain.
C'est pourtant de cette guérite,
C'est de ce céleste tombeau,
Que votre ami, nouveau stylite,
A la lueur d'un noir flambeau,

Penché sur un lit sans rideau,
Dans un déshabillé d'ermite,
Vous griffonne aujourd'hui sans fard,
Et peut-être sans trop de suite,
Ces vers enfilés au hasard;
Et tandis que pour vous je veille
Long-temps avant l'aube vermeille,
Empaqueté comme un Lapon,
Cinquante rats à mon oreille
Ronflent encore en faux-bourdon.

 Si ma chambre est ronde ou carrée,
C'est ce que je ne dirai pas :
Tout ce que j'en sais sans compas,
C'est que, depuis l'oblique entrée,
Dans cette cage resserrée
On peut former jusqu'à six pas.
Une lucarne mal vitrée,
Près d'une gouttière livrée
A d'interminables sabbats,
Où l'université des chats,
A minuit, en robe fourrée,
Vient tenir ses bruyans états ;
Une table mi-démembrée
Près du plus humble des grabats ;
Six brins de paille délabrée,
Tressés sur deux vieux échalas :
Voilà les meubles délicats
Dont ma Chartreuse est décorée.

Et que les frères de Borée
Bouleversent avec fracas,
Lorsque sur ma niche éthérée
Ils préludent aux fiers combats
Qu'ils vont livrer sur vos climats,
Ou quand leur troupe conjurée
Y vient préparer ces frimas
Qui versent sur chaque contrée
Les catarrhes et le trépas.
Je n'outre rien ; telle est, en somme,
La demeure où je vis en paix,
Concitoyen du peuple gnome,
Des sylphides et des follets :
Telles on nous peint les tanières
Où gisent, ainsi qu'au tombeau,
Les pythonisses, les sorcières,
Dans le donjon d'un vieux château :
Ou tel est le sublime siége
D'où, flanqué des trente-deux vents,
L'auteur de l'almanach de Liége
Lorgne l'histoire du beau temps,
Et fabrique avec privilége
Ses astronomiques romans.

Sur ce portrait abominable,
On penserait qu'en lieu pareil
Il n'est point d'instant délectable
Que dans les heures du sommeil.
Pour moi, qui d'un poids équitable

Ai posé des faibles mortels
Et les biens et les maux réels,
Qui sais qu'un bonheur véritable
Ne dépendit jamais des lieux,
Que le palais le plus pompeux
Souvent renferme un misérable,
Et qu'un désert peut être aimable
Pour quiconque sait être heureux,
De ce Caucase inhabitable
Je me fais l'Olympe des dieux.
Là, dans la liberté suprême,
Semant de fleurs tous mes instans,
Dans l'empire de l'hiver même
Je trouve les jours du printemps.
Calme heureux ! loisir solitaire !
Quand on jouit de ta douceur,
Quel autre n'a point de quoi plaire?
Quelle caverne est étrangère,
Lorsqu'on y trouve le bonheur;
Lorsqu'on y vit sans spectateur
Dans le silence littéraire,
Loin de tout importun jaseur,
Loin des froids discours du vulgaire
Et des hauts tons de la grandeur:
Loin de ces troupes doucereuses
Où d'insipides précieuses
Et de petits fats ignorans
Viennent, conduits par la folie,

S'ennuyer en cérémonie,
Et s'endormir en complimens;
Loin de ces plates coteries
Où l'on voit souvent réunies
L'ignorance en petit manteau,
La bigoterie en lunettes,
La minauderie en cornettes,
Et la réforme en grand chapeau;
Loin de ce médisant infâme
Qui de l'imposture et du blâme
Est l'impur et bruyant écho;
Loin de ces sots atrabilaires
Qui, cousus de petits mystères,
Ne nous parlent qu'INCOGNITO;
Loin de ces ignobles Zoïles,
De ces enfileurs de dactyles,
Coiffés de phrases imbéciles
Et de classiques préjugés,
Et qui, de l'enveloppe épaisse
Des pédans de Rome et de Grèce
N'étant point encor dégagés,
Portent leur petite sentence
Sur la rime et sur les auteurs
Avec autant de connaissance
Qu'un aveugle en a des couleurs;
Loin de ces voix acariâtres
Qui, dogmatisant sur des riens,
Apportent dans les entretiens

Le bruit des bancs opiniâtres,
Et la profonde déraison
De ces disputes soldatesques
Où l'on s'insulte à l'unisson
Pour des misères pédantesques
Qui sont bien moins la vérité
Que les rêves creux et burlesques
De la crédule antiquité;
Loin de la gravité chinoise
De ce vieux druide empesé
Qui, sous un air symétrisé,
parle à trois temps, rit à la toise,
Regarde d'un œil apprêté,
Et m'ennuie avec dignité;
Loin de tous ces faux cénobites
Qui, voués encor tout entiers
Aux vanités qu'ils ont proscrites,
Errant de quartiers en quartiers,
Vont dans d'équivoques visites
Porter leurs faces parasites
Et le dégoût de leurs moutiers;
Loin de ces faussets du Parnasse
Qui, pour avoir glapi par fois
Quelque épithalame à la glace
Dans un petit monde bourgeois,
Ne causent plus qu'en folles rimes,
Ne vous parlent que d'Apollon,
De Pégase et de Cupidon,

Et telles fadeurs synonymes,
Ignorant que ce vieux jargon,
Relégué dans l'ombre des classes,
N'est plus aujourd'hui de saison
Chez la brillante fiction,
Que les tendres lyres des Grâces
Se montent sur un autre ton,
Et qu'enfin, de la foule obscure
Qui rampe au marais d'Hélicon
Pour sauver ses vers et son nom,
Il faut être, sans imposture,
L'interprète de la nature,
Et le peintre de la raison;
Loin enfin, loin de la présence
De ces timides discoureurs
Qui, non guéris de l'ignorance
Dont on a pétri leur enfance,
Restent noyés dans mille erreurs,
Et damnent toute âme sensée
Qui, loin de la route tracée,
Cherchant la persuasion,
Ose soustraire sa pensée
A l'aveugle prévention?

 A ces traits je pourrais, Aminte,
Ajouter encor d'autres mœurs :
Mais, sur cette légère empreinte
D'un peuple d'ennuyeux causeurs
Dont j'ai nuancé les couleurs,

Jugez si toute solitude
Qui nous sauve de leurs vains bruits
N'est point l'asile et le pourpris
De l'entière béatitude :
Que dis-je ? est-on seul, après tout,
Lorsque, touché des plaisirs sages,
On s'entretient dans les ouvrages
Des dieux de la lyre et du goût ?
Par une illusion charmante,
Que produit la verve brillante
De ces chantres ingénieux,
Eux-mêmes s'offrent à mes yeux,
Non sous ces vêtemens funèbres,
Non sous ces dehors odieux
Qu'apportent du sein des ténèbres
Les fantômes des malheureux,
Quand, vengeurs des crimes célèbres
Ils montent aux terrestres lieux,
Mais sous cette parure aisée,
Sous ces lauriers vainqueurs du sort,
Que les citoyens d'Élysée
Sauvent du souffle de la mort.
 Tantôt de l'azur d'un nuage
Plus brillant que les plus beaux jours
Je vois sortir l'ombre volage
D'Anacréon, ce tendre sage,
Le Nestor du galant rivage,
Le patriarche des Amours.

Épris de son doux badinage,
Horace accourt à ses accens,
Horace, l'ami du bon sens,
Philosophe sans verbiage,
Et poëte sans fade encens.
Autour de ces ombres aimables,
Couronnés de roses durables,
Chapelle, Chaulieu, Pavillon,
Et la naïve Déshoulières,
Viennent unir leurs voix légères,
Et font badiner la raison ;
Tandis que le Tasse et Milton,
Pour eux, des trompettes guerrières
Adoucissent le double ton.
Tantôt à ce folâtre groupe
Je vois succéder une troupe
De morts un peu plus sérieux,
Mais non moins charmans à nos yeux :
Je vois Saint-Réal et Montagne
Entre Sénèque et Lucien :
Saint-Évremond les accompagne ;
Sur la recherche du vrai bien
Je le vois porter la lumière :
La Rochefoucauld, La Bruyère,
Viennent embellir l'entretien.
Bornant au doux fruit de leurs plumes
Ma bibliothèque et mes vœux,
Je laisse aux savantas poudreux

Ce vaste chaos de volumes
Dont l'erreur et les sots divers
Ont infatué l'univers ;
Et qui, sous le nom de science,
Semés et reproduits partout,
Immortalisent l'ignorance,
Les mensonges et le faux goût.
 C'est ainsi que, par la présence
De ces morts vainqueurs des destins,
On se console de l'absence,
De l'oubli même des humains.
A l'abri de leurs noirs orages,
Sur la cime de mon rocher,
Je vois à mes pieds les naufrages
Qu'ils vont imprudemment chercher.
Pourquoi dans leur foule importune
Voudriez-vous me rétablir ?
Leur estime ni leur fortune
Ne me causent point un désir.
Pourrais-je, en proie aux soins vulgaires,
Dans la commune illusion,
Offusquer mes propres lumières
Du bandeau de l'opinion !
Irais-je, adulateur sordide,
Encenser un sot dans l'éclat,
Amuser un Crésus stupide,
Et monseigneuriser un fat ;
Sur des espérances frivoles,

Adorer avec lâcheté
Ces chimériques fariboles
De grandeur et de dignité;
Et, vil client de la fierté,
A de méprisables idoles
Prostituer la vérité?
Irais-je, par d'indignes brigues,
M'ouvrir des palais fastueux,
Languir dans de folles fatigues,
Ramper à replis tortueux
Dans de puériles intrigues,
Sans oser être vertueux?
De la sublime poésie
Profanant l'aimable harmonie.
Irais-je, par de vains accens ;
Chatouiller l'oreille engourdie
De cent ignares importans
Dont l'âme massive, assoupie
Dans des organes impuissans,
Ou livrée aux fougues des sens,
Ignore les dons du génie
Et les plaisirs des sentimens?
Irais-je pâlir sur la rime
Dans un siècle insensible aux arts,
Et de ce rien qu'on nomme estime
Affronter les nombreux hasards?
Et d'ailleurs, quand la poésie,
Sortant de la nuit du tombeau,

Reprendrait le sceptre et la vie
Sous quelque Richelieu nouveau,
Pourrais-je au char de l'immortelle
M'enchaîner encor plus long-temps?
Quand j'aurai passé mon printemps,
Pourrai-je vivre encor pour elle?
Car enfin au lyrique effort
Fait pour nos bouillantes années,
Dans de plus solides journées,
Voudrais-je me livrer encor?
Persuadé que l'harmonie
Ne verse ses heureux présens
Que sur le matin de la vie,
Et que, sans un peu de folie,
On ne rime plus à trente ans,
Suivrais-je un jour à pas pesans
Ces vieilles muses douairières,
Ces mères septuagénaires
Du madrigal et des sonnets,
Qui, n'ayant été que poëtes,
Rimaillent encore en lunettes,
Et meurent au bruit des sifflets?
Égaré dans le noir dédale
Où le fantôme de Thémis,
Couché sur la pourpre et les lis,
Penche la balance inégale,
Et tire d'une urne vénale
Des arrêts dictés par Cypris,

Irais-je, orateur mercenaire
Du faux et de la vérité,
Chargé d'une haine étrangère,
Vendre aux querelles du vulgaire
Ma voix et ma tranquillité,
Et, dans l'antre de la chicane,
Aux lois d'un tribunal profane
Pliant la loi de l'Immortel,
Par une éloquence anglicane
Saper et le trône et l'autel ?
Aux sentimens de la nature,
Aux plaisirs de la vérité,
Préférant le goût frelaté
Des plaisirs que fait l'imposture,
Ou qu'invente la vanité,
Voudrais-je partager ma vie
Entre les jeux de la folie
Et l'ennui de l'oisiveté,
Et trouver la mélancolie
Dans le sein de la volupté ?
Non, non ; avant que je m'enchaine
Dans aucun de ces vils partis,
Vos rivages verront la Seine
Revenir aux lieux d'où j'écris.

 Des mortels j'ai vu les chimères ;
Sur leurs fortunes mensongères
J'ai vu régner la folle erreur ;
J'ai vu mille peines cruelles

Sous un vain masque de bonheur,
Mille petitesses réelles
Sous une écorce de grandeur,
Mille lâchetés infidèles
Sous un coloris de candeur;
Et j'ai dit au fond de mon cœur :
Heureux qui dans la paix secrète
D'une libre et sûre retraite
Vit ignoré, content de peu,
Et qui ne se voit point sans cesse
Jouet de l'aveugle déesse,
Ou dupe de l'aveugle dieu !

  A la sombre misanthropie
Je ne dois point ces sentimens;
D'une fausse philosophie
Je hais les vains raisonnemens;
Et jamais la bigoterie
Ne décida mes jugemens :
Une indifférence suprême,
Voilà mon principe et ma loi;
Tout lieu, tout destin, tout système
Par-là devient égal pour moi;
Où je vois naître la journée,
Là, content, j'en attends la fin,
Prêt à partir le lendemain,
Si l'ordre de la destinée
Vient m'ouvrir un nouveau chemin.

  Sans opposer un goût rebelle

A ce domaine souverain,
Je me suis fait du sort humain
Une peinture trop fidèle.
Souvent dans les champêtres lieux
Ce portrait frappera vos yeux.
En promenant vos rêveries
Dans le silence des prairies,
Vous voyez un faible rameau
Qui, par les jeux du vague Éole,
Enlevé de quelque arbrisseau,
Quitte sa tige, tombe, et vole
Sur la surface d'un ruisseau :
Là, par une invincible pente,
Forcé d'errer et de changer,
Il flotte au gré de l'onde errante
Et d'un mouvement étranger;
Souvent il paraît, il surnage,
Souvent il est au fond des eaux ;
Il rencontre sur son passage
Tous les jours des pays nouveaux,
Tantôt un fertile rivage
Bordé de coteaux fortunés;
Tantôt une rive sauvage,
Et des déserts abandonnés :
Parmi ces erreurs continues
Il fuit, il vogue jusqu'au jour
Qui l'ensevelit à son tour
Au sein de ces mers inconnues

Où tout s'abîme sans retour.
   Mais qu'ai-je fait? Pardon, Aminte,
Si je viens de moraliser;
Dans une lettre sans contrainte
Je ne prétendais que causer.
Où sont, hélas! ces douces heures
Où, dans vos aimables demeures,
Partageant vos discours charmans,
Je partageais vos sentimens?
Dans ces solitudes riantes
Quand me verrai-je de retour?
Courez, volez, heures trop lentes
Qui retardez cet heureux jour!
Oui, dès que les désirs aimables,
Joints aux souvenirs délectables,
M'emportent vers ce doux séjour,
Paris n'a plus rien qui me pique :
Dans ce jardin si magnifique,
Embelli par la main des rois,
Je regrette ce bois rustique
Où l'écho répétait nos voix ;
Sur ces rives tumultueuses
Où les passions fastueuses
Font régner le luxe et le bruit
Jusque dans l'ombre de la nuit,
Je regrette ce tendre asile
Où, sous des feuillages secrets,
Le sommeil repose tranquille

Dans les bras de l'aimable paix ;
A l'aspect de ces eaux captives
Qu'en mille formes fugitives
L'art sait enchaîner dans les airs,
Je regrette cette onde pure
Qui, libre dans les antres verts,
Suit la pente de la nature
Et ne connaît point d'autres fers ;
En admirant la mélodie
De ces voix, de ces sons parfaits,
Où le goût brillant d'Ausonie
Se mêle aux agrémens français,
Je regrette les chansonnettes
Et le son des simples musettes
Dont retentissent les coteaux
Quand vos bergères fortunées,
Sur les soirs des belles journées,
Ramènent gaîment leurs troupeaux ;
Dans ces palais où la Mollesse,
Peinte par les mains de l'Amour,
Sur une toile enchanteresse
Offre les fastes de sa cour,
Je regrette ces jeunes hêtres
Où ma muse plus d'une fois
Grava les louanges champêtres
Des divinités de vos bois ;
Parmi la foule trop habile
Des beaux diseurs du nouveau style,

Qui, par de bizarres détours,
Quittant le ton de la nature,
Répandent sur tous leurs discours
L'académique-enluminure
Et le vernis des nouveaux tours,
Je regrette la bonhomie,
L'air loyal, l'esprit non pointu,
Et le patois tout ingénu
Du curé de la seigneurie,
Qui, n'usant point sa belle vie
Sur des écrits laborieux,
Parle comme nos bons aïeux,
Et donnerait, je le parie,
L'histoire, les héros, les dieux,
Et toute la mythologie,
Pour un quartaut de Condrieux.

 Ainsi de mes plaisirs d'automne
Je me remets l'enchantement ;
Et, de la tardive Pomone
Rappelant le règne charmant,
Je me redis incessamment :
Dans ces solitudes riantes
Quand me verrai-je de retour ?
Courez, volez, heures trop lentes
Qui retardez cet heureux jour !
Claire fontaine, aimable Isore,
Rive où les Grâces font éclore
Des fleurs et des jeux éternels,

Près de ta source, avant l'aurore,
Quand reviendrai-je boire encore
L'oubli des soins et des mortels?
Dans cette gracieuse attente,
Aminte, l'amitié constante
Entretenant mon souvenir,
Elle endort ma peine présente
Dans les songes de l'avenir.
Lorsque le dieu de la lumière,
Échappé des feux du lion,
Du dieu qui couronne le lierre
Ouvrira l'aimable saison,
J'en jure le pèlerinage :
Envolé de mon hermitage,
Je vous apparaîtrai soudain
Dans ce parc d'éternel ombrage
Où souvent vous rêvez en sage,
Les lettres d'Usbeck [1] à la main ;
Ou bien dans ce vallon fertile
Où, cherchant un secret asile,
Et trouvant des périls nouveaux,
La perdrix, en vain fugitive,
Rappelle sa troupe craintive
Que nous chassons sur les coteaux.
Vous me verrez toujours le même,
Mortel sans soin, ami sans fard,

[1] Les Lettres Persanes de Montesquieu.

Pensant par goût, rimant sans art,
Et vivant dans un calme extrême
Au gré du temps et du hasard.
Là, dans de charmantes parties,
D'humeurs liantes assorties,
Portant des esprits dégagés
De soucis et de préjugés,
Et retranchant de notre vie
Les façons, la cérémonie,
Et tout populaire fardeau,
Loin de l'humaine comédie,
Et comme en un monde nouveau,
Dans une charmante pratique
Nous réaliserons enfin
Cette petite république
Si long-temps projetée en vain.
 Une divinité commode,
L'Amitié, sans bruit, sans éclat,
Fondera ce nouvel état;
La Franchise en fera le code,
Les Jeux en seront le sénat;
Et sur un tribunal de roses,
Siége de notre consulat,
L'enjoûment jugera les causes.
On exclura de ce climat
Tout ce qui porte l'air d'étude :
La raison, quittant son ton rude,
Prendra le ton du sentiment :

La vertu n'y sera point prude,
L'esprit n'y sera point pédant :
Le savoir n'y sera mettable
Que sous les traits de l'agrément ;
Pourvu que l'on sache être aimable,
On y saura suffisamment.
On y proscrira l'étalage
Des phrasiers, des rhéteurs bouffis :
Rien n'y prendra le nom d'ouvrage ;
Mais, sous le nom de badinage,
Il sera quelquefois permis
De rimer quelques chansonnettes,
Et d'embellir quelques sornettes
Du poétique coloris,
En répandant avec finesse
Une nuance de sagesse
Jusque sur Bacchus et les Ris.
Par un arrêt en vaudevilles
On bannira les faux plaisans,
Les cagots fades et rampans,
Les complimenteurs imbéciles
Et le peuple de froids savans.
Enfin, cet heureux coin du monde
N'aura pour but, dans ses statuts,
Que de nous soustraire aux abus
Dont ce bon univers abonde.
Toujours sur ces lieux enchanteurs
Le soleil, levé sans nuages,

Fournira son cours sans orages,
Et se couchera dans les fleurs.
  Pour prévenir la décadence
Du nouvel établissement,
Nul indiscret, nul inconstant
N'entrera dans la confidence :
Ce canton veut être inconnu ;
Ses charmes, sa béatitude,
Pour base ayant la solitude,
S'il devient peuple, il est perdu.
Les états de la république
Chaque automne s'assembleront ;
Et là notre regret unique,
Nos uniques peines seront
De ne pouvoir toute l'année
Suivre cette loi fortunée
De philosophiques loisirs,
Jusqu'à ce moment où la Parque
Emporte dans la même barque
Nos jeux, nos cœurs, et nos plaisirs.

LES OMBRES.

ÉPITRE A M. D. D. N.

Des régions de Sylphirie,
De ce séjour aérien
Dont ma douce philosophie
Sait bannir la mélancolie
En rimant quelque aimable rien,
Salut, santé toujours fleurie,
Solitude et libre entretien,
A la république chérie
Dont une tendre rêverie
M'a déjà rendu citoyen.
   Dans votre épître ingénieuse
Vous prétendez que le pinceau
Qui vous a tracé la Chartreuse
N'en a pas fini le tableau;
Et vous m'engagez à décrire,
D'un crayon léger et badin,
La carte du classique empire,
Et les mœurs du peuple latin.
A la gaîté de nos maximes
Pour ajuster ce grave objet,
Et ne point porter dans mes rimes

LES OMBRES.

La sécheresse du sujet,
Écartons la muse empesée
Qui, se guindant sur de grands mots,
Préside à la prose toisée
Des poëtes collégiaux.
Je vous ai dépeint l'Élysée
Dans le plaisir pur et parfait
De mon ermitage secret :
Par un contraste assez bizarre,
Dans ce nouvel amusement,
Je vais vous chanter le Ténare,
Non sur un ton triste et pesant;
Ennemi des muses plaintives,
Jusque sur les fatales rives
Je veux rimer en badinant.

Un peuple de jeunes esclaves
Dans un silence rigoureux,
Des pleurs, des prisons, des entraves,
Un séjour vaste et ténébreux,
Des cœurs dévoués à la plainte,
Des jours filés par les ennuis,
N'est-ce point la fidèle empreinte
Du triste royaume des nuits?
N'en doutez point : ce que la fable
Nous a chanté des sombres bords,
Cette peinture redoutable
Du profond empire des morts,

LES OMBRES.

C'était l'image prophétique
Des manoirs que j'offre à vos yeux,
Et l'histoire trop véridique
De leurs habitans malheureux.
Avec l'Érèbe et son cortége
Confrontez ces antres divers,
Et, dans le portrait d'un collége,
Vous reconnaîtrez les enfers.
Tel était le vrai parallèle
Que dans cette dernière nuit
Un songe offrait à mon esprit;
Aminte, je me le rappelle :
Dans ce délire réfléchi,
Je croyais vous conduire ici,
Et, si ma mémoire est fidèle,
Je vous entretenais ainsi :
Venez, de la docte poussière
Osez franchir les tourbillons;
Perçons l'infernale carrière
Des scolastiques régions :
Là, comme aux sources du Cocyte,
On ne connaît plus les beaux jours;
Sur cette demeure proscrite
La nuit semble régner toujours;
Là de la charmante nature
On ne trouve plus les beautés;
Les eaux, les fleurs, ni la verdure,
N'ornent point ces lieux détestés;

LES OMBRES.

Les seuls oiseaux d'affreux augure
Y forment des sons redoutés.
Dès l'abord de ce gouffre horrible,
Tout nous retrace l'Achéron.
Voyez ce portier inflexible
Qui, payé pour être terrible,
Et muni d'un cœur de Huron,
Réunit dans son caractère
La triple rigueur de Cerbère
Et l'âme avare de Caron :
Ainsi que ces ombres légères
Qui pour leurs demeures premières
Formaient des regrets et des vœux,
Les jeunes captifs de ces lieux
Voltigent auprès des barrières,
Sans pouvoir échapper aux yeux
De ce satellite odieux.

Entrons sous ces voûtes antiques,
Et sous les lugubres portiques
De ces tribunaux renommés ;
Au lieu de ces voiles funèbres
Qui de l'empire des ténèbres
Tapissaient les murs enfumés,
D'une longue suite de thèses
Contemplez les vils monumens,
Archives de doctes fadaises,
Supplice éternel du bon sens
A la place des Tisiphones,

LES OMBRES.

Des Sphinx, des Larves, des Gorgones.
Qui du Styx étaient les bourreaux,
J'aperçois des tyrans nouveaux,
L'hyperbole aux longues échasses,
La catachrèse aux doubles faces,
Les logogriphes effrayans,
L'impitoyable syllogisme,
Que suit le ténébreux sophisme,
Avec les ennuis dévorans.
Quelle inexorable Mégère
Ici rassemble, avant le temps,
Ces mânes jeunes et tremblans,
Et ravis au sein de leur mère?
Sur leurs déplorables destins,
Dans des lieux voués au silence,
Voyez de pâles souverains
Exercer leur triste puissance :
Un sceptre noir arme leurs mains.
Ainsi Rhadamanthe aux traits sombres,
Balançant l'urne de la mort,
Sur le peuple muet des ombres
Prononçait les arrêts du Sort.
Mais quelles alarmes soudaines!
D'où partent ces longues clameurs?
Pourquoi ces prisons et ces chaînes?
Sur qui tombent ces fouets vengeurs?
Tel était l'appareil barbare
Des tortures du Phlégéthon;

LES OMBRES.

Tels étaient les cris du Tartare
Sous la fourche du vieux Pluton.
Près de ces cavernes fatales,
Quels sont ces brûlans soupiraux?
Que vois-je? quels nouveaux Tantales
Maudissent ces perfides eaux?
   De ce parallèle grotesque,
Moitié vrai, moitié romanesque,
Aminte, pour vous égayer
J'aurais rempli le cadre entier,
Si, dans cet endroit de mon songe,
Un cruel, osant m'éveiller,
N'eût dissipé ce doux mensonge,
Et le prestige officieux
Qui vous présentait à mes yeux.
Ce hideux bourreau, moins un homme
Qu'un patibulaire fantôme,
Tels qu'on les peint en noirs lambeaux,
Et, dans l'horreur du crépuscule,
Tenant leur conciliabule
Parmi la cendre des tombeaux;
Ce spectre, dis-je, au front sinistre,
Du tumulte bruyant ministre,
Affublé de l'accoutrement
D'un précurseur d'enterrement,
Bien avant l'aube matinale,
Chaque jour troublant mon réduit,
Armé d'une lampe infernale,

LES OMBRES.

M'offre un jour plus noir que la nuit,
Et, d'une bouche sépulcrale,
M'annonce que l'heure fatale
Ramène le démon du bruit.
Par cet arrêt impitoyable,
Arraché du sein délectable
Et des songes et du repos,
L'œil encor chargé de pavots,
Aux cieux je cherche en vain l'aurore;
Un voile épais couvre les airs,
Et Phébus n'est point prêt encore
A quitter les nymphes des mers.

    Astre qui réglas ma naissance,
Pourquoi ta suprême puissance,
En formant mes goûts et mon cœur,
Y versa-t-elle tant d'horreur
Pour la monacale indolence?
Plus respecté dans mon sommeil,
Exempt des craintes du réveil,
J'eusse, les deux tiers de ma vie,
Dormi sans trouble, sans envie,
Dans un dortoir de Victorin,
Ou sur la couche rebondie
D'un procureur génovéfain.
Il est vrai qu'un peu d'ignorance
Eût suivi ce destin flatteur.
Qu'importe? Le nom de docteur
N'eût jamais tenté ma prudence;

LES OMBRES.

Jamais d'un sommeil enchanteur
Il n'eût violé la constance.
Une éternité de science
Vaut-elle une nuit de bonheur ?
  Par votre missive charmante
Vous me chargez de vous donner
Quelque nouvelle intéressante,
Ou quelque anecdote amusante :
Mais que puis-je vous griffonner ?
Les politiques rêveries
Des vieux chapiers des Tuileries
Intéressent fort peu mes soins,
Vous amuseraient encor moins ;
Et d'ailleurs, selon le génie
De notre aimable colonie,
Je ne dois point perdre d'instans,
Ni prendre une peine futile
A disserter en grave style
Sur les bagatelles du temps :
Qu'on fasse la paix ou la guerre,
Que tout soit changé sur la terre,
Nos citoyens l'ignoreront ;
Exempts de soucis inutiles,
Dans cet univers ils vivront
Comme des passagers tranquilles,
Qui, dans la chambre d'un vaisseau,
Oubliant la terre, l'orage,
Et le reste de l'équipage,

Tâchent d'égayer le voyage
Dans un plaisir toujours nouveau :
Sans savoir comme va la flotte
Qui vogue avec eux sur les eaux,
Ils laissent la crainte au pilote,
Et la manœuvre aux matelots.
A tout le petit consistoire,
Où ne sont échos imprudens,
Rendez cette lettre notoire,
Aimable Aminte, j'y consens :
Mais sauvez-la des jugemens
De cette prude à l'humeur noire,
Au froid caquet, aux yeux bigots,
Et de médisante mémoire,
Qui, colportant ces vers nouveaux,
Sur-le-champ irait sans repos,
Dressant la crête et battant l'aile,
Glapir quelque alarme nouvelle
Dans tous les poulaillers dévots ;
Ou qui, pour parler sans emblème,
Dans quelque parloir médisant
Irait afficher l'anathème
Contre un badinage innocent,
Et le noircir avec scandale
De ce fiel mystique et couvert
Que vient de verser la cabale
Sur l'histoire de dom Ver-Vert,
Faite en cette critique année

Où le perroquet révérend
Alla jaser publiquement,
Entraîné par sa destinée,
Et ravi, je ne sais comment,
Au secret de son maître absent.
Selon la gazette nèustrique,
Cet amusement poétique,
Surpris, intercepté, transcrit
Sur je ne sais quel manuscrit,
Par un prestolet famélique,
Se vend à l'insu de l'auteur,
Par ce petit collet profane,
Et déjà vaut une soutane
Et deux castors à l'éditeur.

Si ma main n'était pas trop lasse,
Ce serait bien ici la place
D'ajouter un tome nouveau
Aux mémoires du saint oiseau;
De narrer comme quoi la pièce,
Portée, au sortir de la presse,
Au parlement visitandin,
Causa dans leurs saintes brigades
Une ligue, des barricades,
Et sonna partout le tocsin;
Comme quoi les mères notables,
L'état-major, les vénérables,
Voulaient, dans leur premier accès,
Sans autre forme de procès,

LES OMBRES.

Brûler ces vers abominables,
Comme erronés, comme exécrables,
Jansénistes, impardonnables,
Et notoirement imposteurs ;
Mais comme quoi des jeunes sœurs
La jurisprudence plus tendre
A jusqu'ici paré les coups,
Ravi Ver-Vert à ce courroux,
Et sauvé l'honneur de sa cendre.
Suivant le lardon médisant,
Les jeunes sœurs, d'un œil content,
Ont vu draper les graves mères,
Les révérendes douairières,
Et la grand'chambre du couvent.
Une nonne sempiternelle
Prétend prouver à tout fidèle
Que jamais Ver-Vert n'exista,
Vu, dit-elle, qu'on ne pourra
Trouver la lettre circulaire
Du perroquet missionnaire
Parmi celles de ce temps-là,
Je crois que la remarque habile
De la cloîtrière sybille
(N'en déplaise à sa charité)
Sera de peu d'utilité ;
Car dès que Ver-Vert est cité
Dans les archives du Parnasse,
Quel incrédule aurait l'audace

D'en soupçonner la vérité ?
Toutefois ce procès mystique
Au carnaval se jugera ;
Dans un chapitre œcuménique
L'oiseau défendeur paraîtra.
La vieille mère Bibiane
Contre lui doit plaider long-temps,
Et, dans le fort des argumens
Que hurlera son rauque organe,
Perdra ses deux dernières dents :
Mais la jeune sœur Pulchérie,
Qui pour Ver-Vert pérorera
(Si dans ce jour, comme on publie,
Les directeurs opinent là),
Très-sûrement l'emportera
Sur l'octogénaire harpie.
A plaider contre le printemps,
L'hiver doit perdre avec dépens.

 Adieu, voilà trop de folies.
Trop paresseux pour abréger,
Trop occupé pour corriger,
Je vous livre mes rêveries,
Que quelques vérités hardies
Viennent librement mélanger.
J'abandonne l'exactitude
Aux gens qui riment par métier :
D'autres font des vers par étude,
J'en fais pour me désennuyer ;

LES OMBRES.

Ainsi, vous ne devez me lire
Qu'avec les yeux de l'amitié.
J'aurais encor beaucoup à dire :
L'esprit n'est jamais las d'écrire
Lorsque le cœur est de moitié.

ENVOI

DE L'ÉPITRE SUIVANTE

A MADAME ***

Sur le sage emploi de la vie
Une aimable philosophie
A trop éclairé votre cœur
Pour qu'il puisse me faire un crime
De n'accorder point à la rime
Des jours que je dois au bonheur.
Je ne m'en défends point, Thémire,
La paresse est ma déité :
Aux sous négligés de ma lyre,
Vous sentirez qu'elle m'inspire ;
Et que, d'un chant trop concerté
Fuyant l'ennuyeuse beauté,
Loin de faire un travail d'écrire,
Je m'en fais une volupté ;
Moins délicatement flatté
De l'honneur de me faire lire,
Que de l'agrément de m'instruire
Dans une oisive liberté.
On ne doit écrire qu'en maître ;

ENVOI.

Il en coûte trop au bonheur :
Le titre trop chéri d'auteur
Ne vaut pas la peine de l'être ;
Aussi n'est-ce point sous ce nom ,
Si peu fait pour mon caractère ,
Que je rentre au sacré vallon.
Moi qui ne suis qu'en volontaire
Les drapeaux brillans d'Apollon.

La Muse qui dicta les rimes
Que je vais offrir à vos yeux
N'est point de ces Muses sublimes
Qui pour amans veulent des dieux :
Elle n'a point les grâces fières
Dont brillent ces nymphes altières
Qui divinisent les guerriers ;
La négligence suit ses traces ,
Ses tendres erreurs font ses grâces ,
Et les roses sont ses lauriers.

Ici sur le ton des préfaces ,
Et des pesantes dédicaces ,
Thémire, je ne prétends pas
Vous implorer pour mes ouvrages.
Par vous le goût et les appas
Me gagneraient mille suffrages ;
Mais en faut-il tant à mes vers ?
Mes amis me sont l'univers.

ÉPITRE A MA MUSE.

Volage Muse, aimable enchanteresse
Qui, m'égarant dans de douces erreurs,
Viens tour à tour parsemer ma jeunesse
De jeux, d'ennuis, d'épines et de fleurs;
Si, dans ce jour de louable mollesse,
Tu peux quitter les paisibles douceurs,
Vole en ces lieux; la voix de la sagesse
M'appelle ici loin du brillant Permesse,
Loin du vulgaire et des folles rumeurs.
Parais sans crainte aux yeux d'une déesse
Qui règle seule et ma lyre et mes mœurs :
Car ce n'est point cette pédante altière
Dont la vertu n'est qu'une morgue fière,
Un faux honneur guindé sur de vieux mots,
L'horreur du sage et l'idole des sots;
C'est cette nymphe au tendre caractère,
Née au portique, et formée à Cythère,
Qui, dédaignant l'orgueil des vains discours,
Brille sans fard, et rassemble près d'elle
La vérité, la franchise fidèle,
Et la vertu, dans le char des amours.
 C'est à ses yeux, au poids de sa balance,

ÉPITRE

Muse, qu'ici, dans le sein du silence,
De l'art des vers estimant la valeur,
Je veux sur lui te dévoiler mon cœur.
Mais en ce jour quelle pompe s'apprête?
Le front paré des myrtes de Vénus,
Où voles-tu? quelle brillante fête
Peut t'inspirer ces transports inconnus?
Sûr mes destins tu m'applaudis sans doute.
Mais instruis-moi. Pourquoi triomphes-tu?
Comptes-tu donc qu'à moi-même rendu,
Au Pinde seul je vais tourner ma route,
Ou qu'affranchi des liens rigoureux
Qui captivaient ton enjoûment folâtre,
Je vais enfin, de toi seule idolâtre,
Donner l'essor aux fougues de tes jeux?
Si ce projet fait l'espoir qui t'enchante,
C'est t'endormir dans une vaine attente :
Sous d'autres lois mon sort se voit rangé.
Avec mon sort mon cœur n'a point changé.
Je veux pourtant que la métamorphose
Ait transformé ma raison et mes sens;
Et pour un temps avec toi je suppose
Que, consacrant ma voix à tes accens,
J'aille t'offrir un éternel encens :
Adorateur d'un fantôme frivole,
A tes autels que pourrais-je obtenir?
Que ferais-tu, capricieuse idole?
Par le passé décidons l'avenir.

A MA MUSE.

Comme tes sœurs, tu pairais mes hommages
Du doux espoir des dons les plus chéris.
Tes sœurs! que dis-je? hélas! quels avantages
En ont reçus leurs plus chers favoris?
Vaines beautés, sirènes homicides,
Dans tous les temps, par leurs accords perfides,
N'ont-elles point égaré les vaisseaux
De leurs amans endormis sur les eaux?
Ouvre à mes yeux les fastes de mémoire,
Ces monumens de disgrâce et de gloire :
Je lis les noms des poëtes fameux ;
Où sont les noms des poëtes heureux?
Enfans des dieux, pourquoi leur destinée
Est-elle en proie aux tyrans infernaux?
Pour eux la Parque est-elle condamnée
A ne filer que sur de noirs fuseaux ?
Quoi! je les vois, victimes du génie,
Au faible prix d'un éclat passager,
Vivre isolés sans jouir de la vie,
Fuir l'univers, et mourir sans patrie,
Non moins errans que ce peuple léger
Semé partout, et partout étranger!

De ces malheurs les cygnes de la Seine
N'ont-ils point eu des gages trop certains?
Et, pour trouver ces lugubres destins,
Faut-il errer dans les tombeaux d'Athène,
Ou réveiller la cendre des Latins?
Faut-il d'Orphée, ou d'Ovide, ou du Tasse,

ÉPITRE

Interroger les mânes radieux,
Et reprocher leur bizarre disgrâce
Au fier caprice et des rois et des dieux?
Non, n'ouvrons point d'étrangères archives;
Notre Hélicon, trop long-temps désolé,
Ne voit-il pas ses Grâces fugitives?
Oui, chaque jour la muse de nos rives,
Pleurant encor son Horace exilé,
Demande aux dieux que ce phénix lyrique,
Dont la jeunesse illustra ces climats,
Revienne enfin de la rive belgique
Se reproduire et renaître en ses bras.

Voilà pourtant, Muse, voilà l'histoire
Des dons fameux qu'ont procurés tes sœurs,
Vingt ans d'ennui pour quelques jours de gloire:
Et j'envirais tes trompeuses faveurs!
J'en conviendrai, de ces dieux du Permesse
N'atteignant point les talens enchanteurs,
Et défendu par ma propre faiblesse,
Je n'aurais pas à craindre leurs malheurs.
Eh! que sait-on? un simple badinage,
Mal entendu d'une prude ou d'un sot,
Peut vous jeter sur un autre rivage:
Pour perdre un sage, il ne faut qu'un bigot.

Cependant, Muse, à quelle folle ivresse
Veux-tu livrer mon tranquille enjoûment?
Toujours fidèle à l'aimable paresse,
Et ne voulant qu'un travail d'agrément,

A MA MUSE.

Jusqu'à ce jour tu chérissais la rime,
Moins par fureur que par amusement;
Quel feu subit te transporte, t'anime,
Et d'un plaisir va te faire un tourment?
Hélas! je vois par quel charme séduite
Tu veux franchir la carrière des airs :
De mille objets la nouveauté t'invite;
Et leur image, autrefois interdite
A ton pinceau dans les jours de tes fers,
Vient aujourd'hui te demander des vers.
Rendue enfin à la scène du monde,
Tu crois sortir d'une éclipse profonde,
Et voir éclore un nouvel univers.
Autour de toi mille sources nouvelles
A chaque instant jaillissent jusqu'aux cieux;
Pour t'enlever sur leurs brillantes ailes
Tous les plaisirs voltigent à tes yeux;
Pour t'égarer, le dieu du docte empire
T'ouvre des bois nouveaux à tes regards,
Et fait pour toi briller de toutes parts
Le brodequin, le cothurne, la lyre,
Le luth d'Euterpe et le clairon de Mars;
Un autre dieu plus charmant et plus tendre,
Jusqu'à ce jour absent de tes chansons,
Sous mille attraits caché pour te surprendre,
Prétend mêler des soupirs à tes sons.
De tant d'objets la pompe réunie
A chaque instant redouble ta manie;

ÉPITRE

Et tu voudrais, dans tes nouveaux transports,
Sur vingt sujets essayer tes accords.
Tel dans nos champs, au lever de l'aurore,
Prenant son vol pour la première fois,
Charmé, surpris, entre Pomone et Flore
Le jeune oiseau ne peut fixer son choix :
De la fougère à l'épine fleurie
Il va porter ses désirs inconstans ;
Il vole au bois, il est dans la prairie,
Il est partout dans les mêmes instans.

 C'en est donc fait, Muse, dans la carrière
Tu prétends voir ton char bientôt lancé :
Du moins, avant qu'on t'ouvre la barrière,
Pour prévenir un écart insensé
Va consulter la sage Deshoulière,
Et vois les traits dont sa muse en courroux
De l'art des vers nous a peint les dégoûts.
Quand tu serais à l'abri des disgrâces
Que le génie entraîne sur ses traces,
Craindrais-tu moins le bizarre fracas
Qui d'Apollon accompagne les pas,
Du nom d'auteur l'ennuyeux étalage,
D'auteur montré le fade personnage,
Que sais-je enfin? tous les soins, tout l'ennui
Qu'un vain talent nous apporte avec lui?

 Dès qu'un mortel, auteur involontaire,
Est arraché de l'ombre du mystère,
Où, s'amusant et charmant sa langueur,

A MA MUSE.

Dans quelques vers il dépeignait son cœur ;
Du goût public honorable victime,
Bientôt, au prix de sa tranquillité,
Il va payer une inutile estime,
Et regretter sa douce obscurité :
Privé du droit d'écrire en solitaire,
Et d'épancher son cœur, son caractère,
Toute son âme aux yeux de l'amitié,
L'amitié même, indiscrète et légère,
Le trahira sans croire lui déplaire ;
Et son secret, follement publié,
S'il est en vers, sera sacrifié.
Ainsi les fruits d'un léger badinage,
Nés sans prétendre au grave nom d'ouvrage,
Nés pour mourir dans un cercle d'amis,
Au fier censeur seront pourtant soumis.

 Si par hasard il trouve, comme Horace,
Quelque Mécène ou quelque tendre Grâce,
Tels que l'on voit, aux rives où j'écris,
Daphnis, Thémire et la jeune Eucharis,
Qui cherchent moins dans la philosophie
L'esprit d'auteur que l'esprit de la vie,
Qu'un sage aisé, qui, naturel, égal,
Sache éviter le style théâtral,
Les airs guindés du peuple parasite,
Des froids pédans, des fades rimailleurs,
Et dont les vers soient le dernier mérite ;
Que de dégoûts l'investiront ailleurs !

Dans tous les lieux où l'errante Fortune
L'entraînera sous ses pénibles fers,
Il essuîra la contrainte importune
De l'entretien de mille sots divers,
Qui, prévenus de cette erreur commune
Que, quand on rime, on ne sait que des vers,
A son abord prendront cet idiome,
Ce précieux trop en vogue aujourd'hui,
Et, de l'auteur ne distinguant point l'homme,
En l'ennuyant s'ennuiront avec lui.
 Tels sont les maux où cet essor t'engage.
Mais l'amour-propre, opposant son bandeau,
De l'avenir te dérobe l'image,
Ou sait du moins ne le peindre qu'en beau :
Trompeur chéri, t'abusant pour te plaire,
Il te redit, dans tes nouveaux accès,
Qu'on a daigné sourire à tes essais,
Et qu'un public distingué du vulgaire
T'appelle encore à de plus hauts succès.
Mais connais-tu ce public véritable,
Vain dans ses dons, constant dans ses dégoûts ?
En deux printemps de ce juge peu stable
On peut se voir et l'idole et la fable :
Le nom de ceux qu'il voit d'un œil plus doux,
A peine écrit sur la mobile arène
Par les zéphyrs de l'heureuse Hippocrène,
Est effacé par Éole en courroux :
Et quand les fleurs dont le public vous pare

A MA MUSE.

Conserveraient un éternel printemps,
Chez la faveur, sa déesse bizarre,
Est-il des dons et des plaisirs constans?
    Au sein des mers, dans une île enchantée,
Près du séjour de l'inconstant Protée,
Il est un temple élevé par l'erreur,
Où la brillante et volage faveur,
Semant au loin l'espoir et les mensonges,
D'un air distrait fait le sort des mortels.
Son faible trône est sur l'aile des songes,
Les vents légers soutiennent ses autels :
Là, rarement la raison, la justice,
Ont amené les mortels vertueux;
L'opinion, la mode et le caprice
Ouvrent le temple, et nomment les heureux.
En leur offrant la coupe délectable,
Sous le nectar cachant un noir poison,
La déité daigne paraître aimable,
Et d'un sourire enivre leur raison.
Au même instant l'agile Renommée
Grave leurs noms sur son char lumineux :
Jouets constans d'une vaine fumée,
Le monde entier se réveille pour eux.
Mais sur la foi de l'onde pacifique
A peine ils sont mollement endormis,
Déifiés par l'erreur léthargique
Qui leur fait voir dans des songes amis
Tout l'univers à leur gloire soumis;

Dans ce sommeil d'une ivresse riante,
En un moment, la faveur inconstante
Tournant ailleurs son essor incertain,
Dans des déserts, loin de l'île charmante,
Les aquilons les emportent soudain;
Et leur réveil n'offre plus à leur vue
Que les rochers d'une plage inconnue,
Qu'un monde obscur, sans printemps, sans beaux jour,
Et que des cieux éclipsés pour toujours.

Muse, crois-moi, qu'un autre sacrifie
A la faveur, à l'estime, au renom;
Qu'un autre perde au temple d'Apollon
Ce peu d'instans qu'on appelle la vie,
D'un vain honneur esclave fastueux,
Toujours auteur, et jamais homme heureux ·
Moi, que le ciel fit naître moins sensible
A tout éclat qu'à tout bonheur paisible,
Je fuis du nom le dangereux lien;
Et quelques vers échappés à ma veine,
Nés sans dessein et façonnés sans peine,
Pour l'avenir ne m'engagent à rien.
Plusieurs des fleurs que voit naître Pomone
Au sein fécond des vergers renaissans
Ne doivent point un tribut à l'automne;
Tout leur destin est de plaire au printemps.

Ici pourtant de ma philosophie
Ne va point, Muse, outrer le sentiment;
Ne pense pas que de la poésie

A MA MUSE.

J'aille abjurer l'empire trop charmant :
J'en fuis les soins, j'en crains la frénésie ;
Mais j'en adore à jamais l'agrément.
Ainsi, conduit ou par mes rêveries,
Ou par Bacchus, ou par d'autres appas,
Quand quelquefois je porterai mes pas
Où le Permesse épand ses eaux chéries,
Dans ces momens mes vœux ne seront pas
D'être enlevé, dans un char de lumière,
Sur ces sommets où la muse guerrière
Qui chante aux dieux les fastes des combats,
La foudre en main, enseigna ses mystères
Aux Camoëns, aux Miltons, aux Voltaires :
Jaloux de voir un plus paisible lieu,
Loin du tonnerre, et guidé par un dieu,
Dans les détours d'un amoureux bocage
J'irai chercher ce solitaire ombrage,
Ce beau vallon où La Fare et Chaulieu,
Dans les transports d'une volupté pure,
Sans préjugés, sans fastueux désirs,
Près de Vénus, sur un lit de verdure,
Venaient puiser au sein de la nature
Ces vers aisés, enfans de leurs plaisirs,
Et, sans effroi du ténébreux monarque,
Menant l'Amour jusqu'au sombre Achéron,
Au son du luth descendaient vers la barque
Par les sentiers du tendre Anacréon.
Là, si je puis reconnaître leurs traces,

7

Et retrouver ce naïf agrément,
Ce ton du cœur, ce négligé charmant
Qui les rendit les poètes des Grâces;
Du myrte seul chérissant les douceurs,
Des vains lauriers que Phébus vous dispense,
Et qu'il vous ôte au gré de l'inconstance,
Je céderai les pénibles honneurs.
　Trop insensé qui, séduit par la gloire,
Martyr constant d'un talent suborneur,
Se fait d'écrire un ennuyeux bonheur,
Et, s'immolant au soin de la mémoire,
Perd le présent pour l'avenir trompeur!
Tout cet éclat d'une gloire suprême,
Et tout l'encens de la postérité,
Vaut-il l'instant où je vis pour moi-même
Dans mes plaisirs et dans ma liberté,
Trouvant sans cesse auprès de ce que j'aime
Des biens plus vrais que l'immortalité?
Non, n'allons point, dans de lugubres veilles,
De nos beaux jours éteindre les rayons,
Pour enfanter de douteuses merveilles.
Tandis, hélas! que l'on tient les crayons,
Le printemps fuit, d'une main toujours prompte
La parque file, et dans la nuit du temps
Ensevelit une foule d'instans
Dont le plaisir vient nous demander compte.
Qu'un dieu si cher remplisse tous nos jours;
Et badinons seulement sur la lyre,

A MA MUSE.

Quand la beauté, dans un tendre délire,
Ordonnera des chansons aux amours.
 Mais quelque rang que le sort me réserve,
Soit que je suive ou Thalie ou Minerve,
Écoute, Muse, et connais à quel prix
Je souffrirai que quelquefois ta verve
Vienne allier la rime à mes écrits.
 Pour te guider vers la double colline,
De ces sentiers préviens-tu les hasards?
L'illusion, fascinant tes regards,
Peut t'égarer sur la route voisine,
Et t'entraîner dans de honteux écarts :
Connais ces lieux. Dans de plus heureux âges
Vers le Parnasse on marchait sans dangers;
Nul monstre affreux n'infestait les passages;
C'était l'Olympe et le temple des sages :
Là, sur la lyre, ou les pipeaux légers,
De Philomèle égalant les ramages,
Ils alliaient par de doux assemblages
L'esprit des dieux et les mœurs des bergers;
Connaissant peu la basse jalousie,
De la licence ennemis généreux,
Ils ne mêlaient aucun fiel dangereux,
Aucun poison à la pure ambroisie;
Et les zéphyrs de ces brillans coteaux,
Accoutumés au doux son des guitares,
Par des accords infâmes ou barbares
N'avaient jamais réveillé les échos :

ÉPITRE

Quand, évoqués par le crime et l'envie,
Du fond du Styx deux spectres abhorrés,
L'obscénité, la noire calomnie,
Osant entrer dans ces lieux révérés,
Vinrent tenter des accens ignorés.
Au même instant les lauriers se flétrirent,
Et les amours et les nymphes s'enfuirent.
Bientôt Phébus, outré de ces revers,
Au bas du mont de la docte Aonie
Précipitant ces filles des enfers,
Les replongea dans leur ignominie,
Et pour toujours instruisit l'univers
Que la vertu, reine de l'harmonie,
A la décence, aux grâces réunie,
Seule a le droit d'enfanter de beaux vers.
   Pour rétablir leur attente trompée,
Non loin de là, leur adroite fureur,
Sur les débris d'une roche escarpée,
Édifia, dans l'ombre et dans l'horreur,
Du vrai Parnasse un fantôme imposteur :
Là, pour grossir leurs profanes cabales,
Des chastes sœurs ces impures rivales,
L'encens en main, reçurent les rimeurs
Proscrits, exclus du temple des auteurs.
Ainsi, jaloux des abeilles fécondes,
Et du nectar que leurs soins ont formé,
Le vil frelon sur des plantes immondes
Verse sans force un suc envenimé.

A MA MUSE.

C'est là qu'encor cent obscurs satiriques,
Cent artisans de fadaises lubriques,
Par la débauche ou la haine conduits
Dans le secret des plus sombres réduits,
Vont, sans témoins, forger ces folles rimes,
Ces vers grossiers, ces monstres anonymes,
Tout ce fatras de libelles pervers
Dont le Batave infecte l'univers.
  O du génie usage trop funeste !
Pourquoi faut-il que ce don précieux,
Que l'art charmant, le langage céleste,
Fait pour chanter, sur des tons gracieux,
Les conquérans, les belles et les dieux,
Chez une foule au Parnasse étrangère,
Soit si souvent le jargon de Mégère,
L'organe impur des plus lâches noirceurs,
L'âme du crime, et la honte des mœurs !
Pourquoi faut-il que les pleurs de l'aurore,
Qui ne devraient enfanter que des fleurs,
Au même instant fassent souvent éclore
Les sucs mortels et les poisons vengeurs ?
  Muse, je sais que tu fuiras sans peine
Les chants honteux de la licence obscène :
Faite à chanter sans rougir de tes sons,
Tu n'iras point chez cette infâme reine
Prostituer tes naïves chansons.
Mais, de tout temps un peu trop prompte à rire,
Ton goût, peut-être, en quelques noirs accès,

T'attacherait au char de la satire.
Ah! loin de toi ces cyniques excès!
Quelles douceurs en suivent les succès,
Si, quand l'ouvrage a le sceau de l'estime,
L'auteur flétri, fugitif, détesté,
Devient l'horreur de la société?
    Je veux qu'épris d'un nom plus légitime,
Que, non content de se voir estimé,
Par son génie un amant de la rime
Emporte encor le plaisir d'être aimé;
Qu'aux régions à lui-même inconnues
Où voleront ses gracieux écrits,
A ce tableau de ses mœurs ingénues,
Tous ses lecteurs deviennent ses amis;
Que, dissipant le préjugé vulgaire,
Il montre enfin que sans crime on peut plaire,
Et réunir par un heureux lien
L'auteur charmant et le vrai citoyen.
En vain, guidé par un fougueux délire,
Le Juvénal du siècle de Louis
Fit un talent du crime de médire;
Mes yeux jamais n'en furent éblouis :
Ce n'est point là que ma raison l'admire :
Et Despréaux, ce chantre harmonieux,
Sur les autels du poétique empire
Ne serait point au nombre de mes dieux,
Si, de l'opprobre organe impitoyable,
Toujours couvert d'une gloire coupable,

A MA MUSE.

Il n'eût chanté que les malheureux noms
Des Colletets, des Cotins, des Pradons ;
Mânes plaintifs qui sur le noir rivage
Vont regrettant que ce censeur sauvage,
Les enchaînant dans d'immortels accords,
Les ait privés du commun avantage
D'être cachés dans la foule des morts.
   Un autre écueil, Muse, te reste encore :
En évitant cet antre ténébreux
Où, nourrissant le feu qui la dévore,
L'âpre satire épand son fiel affreux,
Crains d'aborder à cette plage aride
Où la louange au ton faible et timide,
Aux yeux baissés, au doucereux souris,
Vient chaque jour, sous le titre insipide
D'odes aux grands, de bouquets aux Iris,
A l'univers préparer des ennuis.
Le dieu du goût, au vrai toujours fidèle,
N'exclut pas moins de sa cour immortelle
Le complaisant, le vil adulateur,
Que l'envieux et le noir imposteur.
   Pars, c'en est fait ; que ce fil secourable,
Te conduisant au lyrique séjour,
Sauve tes pas du dédale effroyable
Où mille auteurs s'égarent sans retour.
Dans ces vallons, si la troupe invisible
Des froids censeurs, des Zoïles secrets,
Lance sur toi ses inutiles traits,

D'un cours égal poursuis ton vol paisible ;
Par les fredons d'un rimeur désolé
Que ton repos ne puisse être troublé ;
Et sans jamais t'avilir à répondre,
Laisse au mépris le soin de les confondre :
Rendre à leurs cris des sons injurieux,
C'est se flétrir et ramper avec eux.

  A cette loi pour demeurer fidèle,
Devant tes yeux conserve ce modèle :
Il est un sage, un favori des cieux,
Dont à l'envi tous les arts, tous les dieux,
Ont couronné la brillante jeunesse,
Et qui, vainqueur du fuseau rigoureux,
Possède encor, dans sa mâle vieillesse,
L'art d'être aimable et le don d'être heureux [1].
Long-temps la haine et la farouche envie,
En s'obstinant à poursuivre ses pas,
Crurent troubler le calme de sa vie,
Et l'attirer dans de honteux combats :
Mais, conservant sa douce indifférence,
Et retranché dans un noble silence,
De ses rivaux il trompa les projets ;
Pouvant les vaincre, il leur laissa la paix.
D'affreux corbeaux lorsqu'un épais nuage
Trouble, en passant, le repos d'un bocage,
Laissant les airs à leurs sons glapissans,

---

[1] Fontenelle.

A MA MUSE.

Le rossignol interrompt ses accens;
Et, pour reprendre une chanson légère,
Seul, il attend que le gosier touchant
D'une dryade, ou de quelque bergère,
Réveille enfin sa tendresse et son chant.
   Prends le burin, et grave ces maximes,
Muse : à ce prix je suis encor tes lois;
A ce prix seul, nous pouvons à nos rimes
Promettre encor des honneurs légitimes
Et les regards des sages et des rois.
Toujours j'entends les échos de nos rives
Porter au loin ces redites plaintives
Que l'Hélicon n'est plus qu'un vain tombeau,
Que pour Phébus il n'est plus de Mécène,
Et qu'éloigné du trône de la Seine
En soupirant il éteint son flambeau.
Oui, je le sais, de profondes ténèbres
Ont du Parnasse investi l'horizon.
Mais, s'il languit sous ces voiles funèbres,
Allons au vrai, quelle en est la raison?
Peut-on compter qu'un soleil plus propice
Ramènera sous l'empire des vers
Ces jours brillans nés sous le doux auspice
Des Richelieux, des Séguiers, des Colberts,
Quand, ne suivant que les muses impies,
Prenant la rage et le ton des harpies,
Mille rimeurs, honteusement rivaux,
Par leurs sujets dégradent leurs travaux?

Ces noirs transports sont-ils la poésie ?
Hé quoi ! doit-on couronner les forfaits,
Parer le crime, armer la frénésie ;
Et pour le Styx les lauriers sont-ils faits ?
    N'accusons point les astres de la France.
Pour ranimer leurs rayons éclatans,
Qu'au mont sacré de nouveaux habitans,
Rivaux amis, rendent d'intelligence
La vie aux mœurs, la noblesse aux talens ;
Ainsi bientôt nos rivages, moins sombres,
D'un jour nouveau parés et réjouis,
Reverront fuir le sommeil et les ombres
Où sont plongés les arts évanouis.
Pour toi, pendant que de nouveaux Orphées,
Vouant leurs jours aux plus savantes fées,
Et s'élevant à des accords parfaits,
Mériteraient de chanter près d'un trône
Toujours paré des palmes de Bellone,
Et couronné des roses de la paix ;
Muse, pour toi, dans l'union paisible
De la sagesse et de la volupté,
Nymphe badine, ou bergère sensible,
Viens quelquefois, avec la liberté,
Me crayonner de riantes images,
Moins pour l'honneur d'enlever les suffrages,
Que pour charmer ma sage oisiveté.

ÉPITRE

AU P. BOUGEANT, JÉSUITE.

De la paisible solitude
Où, loin de toute servitude,
La liberté file mes jours,
Ramené par un goût futile
Sur les délires de la ville,
Si j'en voulais suivre le cours,
Et savoir l'histoire nouvelle
Du domaine et des favoris
De la brillante bagatelle
La divinité de Paris,
Le dédale des aventures,
Les affiches et les brochures,
Les colifichets des auteurs,
Et la gazette des coulisses,
Avec le roman des actrices,
Et les querelles des rimeurs,
Je n'adresserais cette épître
Qu'à l'un de ces oisifs errans
Qui, chaque soir, sur leur pupitre
Rapportent tous les vers courans,
Et qui, dans le changeant empire

Des amours et de la satire,
Acteurs, spectateurs tour à tour,
Possèdent toujours à merveille
L'historiette de la veille
Avec l'étiquette du jour.
   Je pourrais décorer ces rimes
De quelqu'un de ces noms sublimes
Devant qui l'humble adulateur
De ses muses pusillanimes
Vient étaler la pesanteur,
Si je savais louer en face,
Et, dans un éloge imposteur,
Au ton rampant de la fadeur
Faire descendre l'art d'Horace :
Mais, du vrai seul trop partisan,
Mon Apollon, peu courtisan,
Préfère l'entretien d'un sage
Et le simple nom d'un ami
Aux titres ainsi qu'au suffrage
D'un grand dans la pompe endormi.
Pour les protecteurs que j'honore
Que seraient mes faibles accens?
Ainsi que les dieux qu'on adore,
Ils sont au-dessus de l'encens.
   C'est donc vous seul que sans contrainte,
Et sans intérêt et sans feinte,
J'appelle en ces bois enchantés,
Moins révérend qu'aimable père,

AU P. BOUGEANT.

Vous, dont l'esprit, le caractère
Et les airs ne sont point montés
Sur le ton sottement austère
De cent tristes paternités
Qui, manquant du talent de plaire
Et de toute légèreté,
Pour dissimuler la misère
D'un esprit sans aménité,
D'une sagesse minaudière
Affichent la sévérité,
Et ne sortent de leur tanière
Que sous la lugubre bannière
De la grave formalité;
Vous, dis-je, ce père vanté,
Vous, ce philosophe tranquille,
De Minerve l'heureux pupille,
Et l'enfant de la liberté.
Comment donc avez-vous quitté
Les délices de cet asile,
Pour aller reprendre à la ville
Les chaînes de la gravité?
Amant et favori des muses,
Et paresseux conséquemment,
Je ne vous trouve point d'excuses
pour avoir fui si promptement.
Le désir des bords de la Seine
Soudain vous aurait-il repris?
Non: aux lieux d'où je vous écris

Je me persuade sans peine
Qu'on peut se passer de Paris.
Héritier de l'antique enclume
De quelque pédant ignoré,
Et pour reforger maint volume
Aux antres latins enterré,
Iriez-vous, comme les Saumaises,
Immolant aux doctes fadaises
L'esprit et la félicité,
Partager, avec privilége,
Des patriarches du collége
L'ennuyeuse immortalité ?
Non : l'esprit des aimables sages
N'est point né pour les gros ouvrages,
Souvent publiés incognito ;
Le dieu du goût et du génie
A rarement eu la manie
Des honneurs de l'in-folio.
Quoi ! sur votre philosophie,
Que les rayons de l'enjoûment
Faisaient briller d'un feu charmant,
La profane mélancolie
Aurait-elle, malgré les jeux,
Porté ses nuages affreux ?
Martyr de la misanthropie,
Fuiriez-vous ce peu d'agrémens
Qui nous fait supporter la vie,
Les entretiens où tout se plie

Au naturel des sentimens,
Les doux transports de l'harmonie,
Et les jeux de la poésie,
Enfin tous les enchantemens
De la meilleure compagnie?
Et par quelle bizarrerie,
Anachorète casanier,
Pour aller encore essuyer
L'éternité du vin de Brie,
Auriez-vous quitté le nectar
d'Aï, d'Arbois et de Pomar?
Non : vous tenez de la nature
Un jugement trop lumineux ;
Vous avez trop cette tournure
Qui fait et le sage et l'heureux,
Pour vous condamner au silence,
Loin de ces biens et de ces jeux
Dont la tranquille jouissance,
Proscrite chez le peuple sot,
Distingue le mortel qui pense
De l'automate et du cagot :
Et quand l'esprit mélancolique
Pourrait des ennuis ténébreux
Dans une âme philosophique
Verser le poison léthargique,
Ce n'eût point été dans ces lieux,
Dans un temple de l'allégresse,
Que le bandeau de la tristesse

Se fût répandu sur vos yeux.
Mais pourquoi donner au mystère,
Pourquoi reprocher au hasard,
De ce prompt et triste départ
La cause trop involontaire ?
Oui, vous seriez encore à nous,
Si vous étiez vous-même à vous.

 Si j'écrivais à quelque belle,
Je lui dirais peut-être aussi·
Que depuis sa fuite cruelle
Les oiseaux languissent ici ;
Que tous les amours avec elle
Ont fui nos chants à tire-d'aile ;
Qu'on n'entend plus les chalumeaux ;
Qu'on ne connaît plus les échos ;
Enfin la longue kyrielle
De tout le phébus ancien :
Et sans doute il n'en serait rien ;
Tous les moineaux, à l'ordinaire,
Vaqueraient à leurs fonctions ;
Sans chagrines réflexions,
Les amours songeraient à plaire ;
Myrtile, toujours plus heureux,
Unirait son chiffre amoureux
Avec celui de sa bergère ;
Et les ruisseaux, apparemment,
Entre les fleurs et la fougère
N'en iraient pas plus lentement.

Mais, sans ces fadeurs de l'idylle,
Je vous dirai fort simplement
Que jamais ce séjour tranquille
N'a vu l'automne plus charmant :
Loin du tumulte qu'il abhorre,
Le plaisir avec chaque aurore
Renaît sur ces vallons chéris :
Des guirlandes de la jeunesse
Les ris couronnent la sagesse,
La sagesse enchaîne les ris ;
Et, pour mieux varier sans cesse
L'uniformité du loisir,
Un goût guidé par la finesse
Vient unir les arts au plaisir,
Les arts que permet la paresse,
Ces arts inventés seulement
Pour occuper l'amusement.

 Tour à tour, d'une main facile,
On tient le crayon, le compas,
Les fuseaux, le pinceau docile,
Avec l'aiguille de Pallas :
Et pendant tout ce badinage,
Qu'on honore du nom d'emploi,
D'autres paresseux avec moi
Font un sermon contre l'ouvrage ;
Ou, sans projet, sans autre loi
Que les erreurs d'un goût volage,
Sages ou fous, à l'unisson,

Joignent la flûte à la trompette,
Le brodequin à la houlette,
Et le sublime à la chanson.
Hors la louange et la satire,
Tout s'écrit ici, tout nous plaît,
Depuis les accords de la lyre
Jusqu'aux soupirs du flageolet,
Et depuis la langue divine
De Malebranche et de Racine
Jusqu'au folâtre triolet.

Que l'insipide symétrie
Règle la ville qu'elle ennuie ;
Que les temps y soient concertés,
Et les plaisirs même comptés :
La mode, la cérémonie,
Et l'ordre, et la monotonie,
Ne sont point les dieux des hameaux ;
Au poids de la triste satire
On n'y pèse point tous les mots,
Et si l'on doit blâmer ou rire ;
Tout ce qui plaît vient à propos ;
Tout y fait des plaisirs nouveaux ;
Le hasard, l'instant les décide.
Sans regretter l'heure rapide
Qui naît, qui s'envole soudain,
Et sans prévoir le lendemain,
Dans ce silence solitaire,
Sous l'empire de l'agrément,

AU P. BOUGEANT.

Nous ne nous doutons nullement
Que déjà le noir sagittaire,
Couronné de tristes frimas,
Vient bannir Flore désolée,
Et qu'avec Pomone exilée
L'astre du jour fuit nos climats.
Oui, malgré ces métamorphoses,
Nos bois semblent encor naissans ;
Zéphyr n'a point quitté nos champs,
Nos jardins ont encor des roses :
Où règnent les amusemens
Il est toujours des fleurs écloses,
Et les plaisirs font le printemps.

    Échappé de votre ermitage,
Et sur ce fortuné rivage
Porté par les songes légers,
Voyez la nouvelle parure
Dont s'embellissent ces vergers [1] ;
Élève ici de la nature,
L'art, lui prêtant ses soins brillans,
Y forme un temple de verdure
A la déesse des talens.
Sortez du sein des violettes,
Croissez, feuillages fortunés,
Couronnez ces belles retraites,

---

[1] Bosquet de Minerve, récemment ajouté aux jardins de C...., dessinés par le célèbre Le Nôtre.

Ces détours, ces routes secrètes,
Aux plus doux accords destinés!
Ma muse, pour vous attendrir,
D'une charmante rêverie
Subit déjà l'aimable loi ;
Les bois, les vallons, les montagnes,
Toute la scène des campagnes
Prend une âme et s'orne pour moi.
Aux yeux de l'ignare vulgaire,
Tout est mort, tout est solitaire ;
Un bois n'est qu'un sombre réduit,
Un ruisseau n'est qu'une onde claire,
Les zéphyrs ne sont que du bruit :
Aux yeux que Calliope éclaire,
Tout brille, tout pense, tout vit ;
Ces ondes tendres et plaintives,
Ce sont des nymphes fugitives
Qui cherchent à se dégager
De Jupiter pour un berger ;
Ces fougères sont animées ;
Ces fleurs qui les parent toujours,
Ce sont des belles transformées ;
Ces papillons sont des amours.

 Mais pourquoi ma raison oisive,
D'une muse qui la captive
Suivant les caprices légers,
Cherche-t-elle sur cette rive
Des objets au sage étrangers,

Sans fixer sa vue attentive
Sur l'exemple de ses bergers?
Si, dans l'imposture éternelle
De nos mensonges enchanteurs,
Il reste encor quelque étincelle
De la nature dans nos cœurs;
Sauvés du séjour des prestiges,
Et cherchant ici les vestiges
De l'antique simplicité,
Sans adorer de vains fantômes,
Décidons si ce que nous sommes
Vaut ce que nous avons été;
Et si, malgré leur douceur pure,
Ces biens pour toujours sont perdus,
Voyons-en du moins la figure,
Comme on aime à voir la peinture
De quelque belle qui n'est plus.

 Oui, chez ces bergers, sous ces hêtres,
J'ai vu dans la frugalité
Les dépositaires, les maîtres
De la douce félicité;
J'ai vu, dans les fêtes champêtres,
J'ai vu la pure volupté
Descendre ici sur les cabanes,
Y répandre un air de gaîté,
De douceur et de vérité,
Que n'ont point les plaisirs profanes
Du luxe et de la dignité.

ÉPITRE

Parmi le faste et les grimaces
Qu'entraînent les fêtes des cours,
Thémire, dans ses plus beaux jours,
Avec de l'esprit et des grâces,
S'ennuie au milieu des amours :
Ici j'ai vu la tendre Lise,
A peine en son quinzième été,
Sans autre esprit que la franchise,
Sans parure que la beauté,
Plus heureuse, plus satisfaite
D'unir avec agilité
Ses pas aux sons d'une musette,
Et, parmi les plus simples jeux,
Portant le plaisir dans ses yeux
Écrit des mains de la nature
Avec de plus aimables feux
Que n'en peut prêter l'imposture
A l'œil trompeur et concerté
D'une coquette fastueuse
Qui, par un sourire emprunté,
Dans l'ennui veut paraître heureuse,
Et jouer la vivacité.
Qu'on censure ou qu'on favorise
Ce goût d'un bonheur innocent :
Pour répondre à qui le méprise,
Qu'il nous suffise que souvent,
Pour fuir un tumulte brillant,
Thémire voudrait être Lise,

Et voler du sein des grandeurs
Sur un lit de mousse et de fleurs.
   Feuillage antique et vénérable,
Temple des bergers de ces lieux,
Orme heureux, monument durable
De la pauvreté respectable
Et des amours de leurs aïeux;
O toi qui, depuis la durée
De trente lustres révolus,
Couvres de ton ombre sacrée
Leurs danses, leurs jeux ingénus;
Sur ces bords, depuis ta jeunesse
Jusqu'à cette verte vieillesse,
Vis-tu jamais changer les mœurs,
Et la félicité première
Fuir devant la fausse lumière
De mille brillantes erreurs?
Non : chez cette race fidèle
Tu vois encor ce pur flambeau
De l'innocence naturelle
Que tu voyais briller chez elle
Lorsque tu n'étais qu'arbrisseau;
Et, pour bien peindre la mémoire
De ces mortels qui t'ont planté,
Tu nous offres pour leur histoire
Les mœurs de leur postérité.
Triomphe, règne sur les âges;
Échappe toujours aux ravages

ÉPITRE

D'Éole, du fer et des ans ;
Fleuris jusqu'au dernier printemps,
Et dure autant que ces rivages ;
Au chêne, au cèdre fastueux
Laisse les tristes avantages
D'orner des palais somptueux :
Les lambris couvrent les faux sages,
Tes rameaux couvrent les heureux.

Tandis qu'instruit par la droiture
Et par la simple vérité
Mon esprit, toujours enchanté,
Pénètre au sein de la nature?
Et s'y plonge avec volupté ;
Hélas ! par une loi trop dure,
Poussés vers l'éternelle nuit,
Le plaisir vole, le temps fuit ;
Et bientôt sous sa faux rapide,
Ainsi que les jardins d'Armide,
Ce lieu pour nous sera détruit !
Trop tôt, hélas ! les soins pénibles,
Les bienséances inflexibles,
Revendiquant leurs tristes droits,
Viendront profaner cet asile,
Et, nous arrachant de ces bois,
Nous replongeront pour six mois
Dans l'affreux chaos de la ville,
Et dans cet éternel fracas
De riens pompeux et d'embarras

AU P. BOUGEANT.

Qui, pour tout esprit raisonnable,
Sujets de gêne et de pitié,
Ne sont que le jeu misérable
D'un ennui diversifié !
 Mais, outre ces peines communes
Qui nous attendent au retour,
Outre les chaînes importunes
Et de la ville et de la cour,
Il est un fatal apanage
De dégoûts encor plus nombreux
Qu'au retour des champêtres lieux
Le funeste Apollon ménage
A ses élèves malheureux.
 Au milieu d'un monde frivole,
Dont les nouveautés sont l'idole,
Déjà je me vois revenu ;
Et, pour le malheur de ma vie,
Par l'importune poésie
Malgré moi-même un peu connu,
Déjà j'entends les périodes
Et les questions incommodes
De ces furets de vers nouveaux,
De ces copistes généraux,
Qui, persuadés que l'étude
Me tient absent pendant trois mois,
Vont s'imaginer que je dois
Le tribut de ma solitude
A l'oisiveté de leur voix.

ÉPITRE

« Hé bien ! me dit l'un, dont l'idylle
Enchante l'esprit doucereux,
Sans doute, élève de Virgile,
Sur des pipeaux harmonieux,
De Lycidas et d'Amarylle
Vous aurez soupiré les feux ?
Vous aurez chanté les beaux yeux,
Les premiers soupirs de Sylvie,
Et des bouquets de la prairie
Vous aurez orné ses cheveux ? »

« Qu'apportez-vous ? point de mystère
(Me vient dire avec un souris
Quelque suivant de beaux esprits,
Insecte et tyran du parterre ;)
L'ouvrage est-il pour Thomassin,
Pour Pélissier, ou pour Gossin ? »

Je fuis, j'échappe à la poursuite
De ces colporteurs trop communs :
Suis-je plus heureux dans ma fuite ?
D'autres lieux, d'autres importuns !
« Enfin, dit-on, de votre absence
Revenez-vous un peu changé ?
Du sommeil de la négligence
Votre esprit enfin dégagé
Immolera-t-il l'indolence
Aux succès d'un travail rangé ? »
Ainsi déclame sans justesse
Contre les droits de la paresse

AU P. BOUGEANT.

Un froid censeur, qui ne sent pas
Que, sans cet air de douce aisance,
Mes vers perdraient le peu d'appas
Qui leur a gagné l'indulgence
Des voluptueux délicats,
Des meilleurs paresseux de France,
Les seuls juges dont je fais cas.
 Par l'étude, par l'art suprême,
Sur un froid pupitre amaigris,
D'autres orneront leurs écrits :
Pour moi, dans cette gêne extrême,
Je verrais mourir mes esprits :
On n'est jamais bien que soi-même,
Et me voilà tel que je suis.
Imprimés, affichés sans cesse,
Et s'entrechassant de la presse,
Mille autres nous inonderont
D'un déluge d'écrits stériles
Et d'opuscules puériles
Auxquels sans doute ils survivront :
A cette abondance cruelle
Je veux toujours, en vérité,
Et de La Fare et de Chapelle
Préférer la stérilité :
J'aime bien moins ce chêne énorme
Dont la tige, toujours informe,
S'épuise en rameaux superflus,
Que ce myrte tendre et docile

ÉPITRE

Qui, croissant sous l'œil de Vénus,
N'a pas une feuille inutile,
S'épanouit négligemment,
Et se couronne lentement.

Il est vrai qu'en quittant la ville
J'avais promis que, plus tranquille,
Et dans moi-même enseveli,
Je saurais, disciple d'Horace,
Unir les nymphes du Parnasse
Aux bergères de Tivoli.
J'avais promis! mais tu t'abuses,
Si tu comptes sur nos discours:
Cher ami, les sermens des muses
Ressemblent à ceux des amours.
Dans la tranquillité profonde
Du philosophe et du berger,
Trois mois j'ai vécu sans songer
Qu'Apollon fût encore au monde;
Et je t'avoue ingénument
Que très-peu fait à voir l'aurore,
Que j'aperçois dans ce moment,
Je ne la verrais point éclore
Dans ce champêtre éloignement,
Si des volontés que j'adore,
Pour me faire rimer encore,
Ne valaient mieux que mon serment.

Toi, dont la sagesse riante
Souffre et seconde nos chansons,

AU P. BOUGEANT.

Ami, sur ta lyre brillante
Prépare-nous les plus doux sons :
Dès qu'entraînés par l'habitude
Au séjour de la multitude
Nous aurons quitté ce canton,
Chez une élève d'Uranie,
Entre les fleurs et l'ambroisie,
Entre Démocrite et Platon,
De ta vertu toujours unie
Nous irons prendre des leçons,
Et t'en donner de la folie
Que la bonne philosophie
Permet à ses vrais nourrissons.
Cette anacréontique orgie,
Livrée à la vive énergie
Du génie et du sentiment,
Ne sera point assurément
De ces fêtes sombres et graves,
Où périt la vivacité,
Où les agrémens sont esclaves,
Et s'endorment dans les entraves
De la pesante autorité :
Nous n'y choisirons point pour guide
Cette raison froide et timide
Qui toise impitoyablement
Et la pensée et le langage,
Et qui, sur les pas de l'usage,
Rampe géométriquement.

Loin du mystère et de la gêne,
Pensant tout haut et sans effort,
Admettant la raison sans peine,
Et la saillie avec transport,
D'une ville tumultueuse
Nous adoucirons le dégoût :
La raison est partout heureuse,
Le bonheur du sage est partout.
Et puisqu'il faut du ton stoïque
Égayer la sévérité,
La ville, malgré ma critique
Et l'éloge du sort rustique,
Reverra mon cœur enchanté :
Dans ses caprices agréables,
Et dans son brillant le plus faux,
Paris a des charmes semblables
A ces coquettes adorables
Qu'on aime avec tous leurs défauts.
 Mais quoi! tandis que ma pensée,
Plus légère que le zéphyr,
Folâtre à la fois et sensée,
Vole sur l'aile du plaisir,
Dieux! quelle nouvelle semée
Subitement dans l'univers
Vient glacer mon âme alarmée,
Et quelle main de feux armée
Lance la foudre sur mes vers ?
Sur un char funèbre portée,

Des Grâces en deuil escortée,
La Renommée en ce moment
M'apprend que la parque inhumaine,
Sur les tristes bords de la Seine,
Vient de plonger au monument
Des mortels le plus adorable [1],
L'ami de tout heureux talent
Et de tout ce qui vit d'aimable,
Le dieu même du sentiment,
Et l'oracle de l'agrément.
O toi, mon guide et mon modèle,
Durable objet de ma douleur,
Toi qui, malgré la mort cruelle,
Respires encor dans mon cœur,
Illustre Ariste, ombre immortelle,
Ah! si, du séjour de nos dieux,
Si, de ces brillantes retraites
Où tes mânes ingénieux
Charment les ombres satisfaites
Des Sévignés, des La Fayettes,
Des Vendômes et des Chaulieux,
Tu daignes, sensible à nos rimes,
Abaisser tes regards sublimes
Sur le deuil de ces tristes lieux;
Et si, de l'éternel silence
Traversant le vaste séjour,

---

[1] L'évêque de Luçon.

ÉPITRE

Un dieu te porte dans ce jour
La voix de ma reconnaissance ;
Pardonne au légitime effroi,
Au sombre ennui qui fond sur moi,
Si dans les fastes de mémoire
Je ne trace point à ta gloire
Des vers immortels comme toi.
Moi, qui voudrais en traits de flamme
Graver aux yeux de l'avenir
Ma tendresse et ton souvenir,
Comme ils resteront dans mon âme
Gravés jusqu'au dernier soupir,
J'irais dans le temple des Grâces
Laisser d'ineffaçables traces
De cette sensible bonté,
L'amour, le charme de notre âge,
Ou, pour en dire davantage,
L'éloge de l'humanité :
Mais à travers les voiles sombres
Quand je te cherche dans les ombres,
Dans le silence du tombeau,
Puis-je soutenir le pinceau ?
Que les beaux arts, que le Portique,
Que tout l'empire poétique,
Où souvent tu dictas des lois,
Avec la Seine inconsolable,
Pleurent une seconde fois
La perte trop irréparable

AU P. BOUGEANT.

D'Aristippe, d'Anacréon,
D'Atticus et de Fénélon;
Pour moi, de ma douleur profonde
Trop pénétré pour la chanter,
N'admirant plus rien en ce monde
Où je ne puis plus t'écouter,
Sur l'urne qui contient ta cendre,
Et que je viens baigner de pleurs,
Chaque printemps je veux répandre
Le tribut des premières fleurs;
Et puisqu'enfin je perds le maître
Qui du vrai beau m'eût fait connaître
Les mystères les plus secrets,
Je vais à tes sombres cyprès
Suspendre ma lyre, et peut-être
Pour ne la reprendre jamais.

ÉPITRE A MA SOEUR

SUR MA CONVALESCENCE.

—

    Toi, que la voix de ma douleur
A fait voler vers moi du sein de ta patrie,
Et qui, portant encor dans ton âme attendrie
    Du spectacle de mon malheur
    La douloureuse rêverie,
Après mon péril même en conserves l'horreur,
    Renais, rappelle la douceur
    De ton allégresse chérie,
    Ma Minerve, ma tendre sœur.
Mais quoi! suis-je encor fait pour nommer l'allégresse,
    Et pour en chanter les appas,
Moi qui, depuis deux mois de mortelle tristesse,
Ai vu sur ma demeure étinceler sans cesse
    La faux sanglante du trépas?
    Par les songes du sombre empire,
Enfans tumultueux du bizarre délire,
    Mon esprit si long-temps noirci
Pourra-t-il retrouver, sous ses épais nuages,
Les pinceaux du plaisir, les brillantes images,
Et lever le bandeau qui le tient obscurci?

ÉPITRE A MA SOEUR.

    Quand sur les champs de Syracuse
Un volcan vient au loin d'exercer ses fureurs,
    Aux bords désolés d'Aréthuse
    Daphné cherche-t-elle des fleurs ?
    Dans de mâles et sages rimes,
    Si de l'inflexible saison
Il ne fallait qu'offrir les stoïques maximes,
Ici, plus que jamais, j'en trouverais le ton :
Je sors de ces instans de force et de lumière
    Où l'éclatante vérité,
Telle que le soleil au bout de sa carrière,
Donne à ses derniers feux sa plus vive clarté ;
J'ai vu ce pas fatal où l'âme plus hardie,
    S'élançant de ses tristes fers,
Et prête à voir finir le songe de la vie,
    Au poids du vrai seul apprécie
    Le néant de cet univers.
    Éclairé sur les vœux frivoles
    Et sur les faux biens des humains,
Je pourrais à tes yeux renverser leurs idoles,
Les dieux de leur folie, ouvrage de leurs mains,
    Et, dans mon ardeur intrépide,
    De la vérité, moins timide,
    Osant rallumer le flambeau,
Juger et nommer tout avec cette assurance
Que j'ai su rapporter du sein de la souffrance
    Et de l'école du tombeau.
Réduit, comme je fus, par l'arrêt inflexible

Et de la douleur et du sort,
A demander aux dieux le bienfait de la mort,
Je te dirais aussi que cette mort, horrible
  Pour le vulgaire malheureux,
Pour un sage n'est point ce spectre si terrible
Sur qui les vils mortels n'osent lever les yeux;
Et qu'après avoir vu la misère profonde
  Des insectes présomptueux,
  De tous les êtres ennuyeux
Dont le ciel a chargé la surface du monde,
  Et qui rampent dans ces bas lieux,
  Au premier arrêt de la Parque,
Sans peine et d'un pas ferme on passerait la barque,
Si la tendre amitié, si le fidèle amour,
  N'arrêtaient l'âme dans leurs chaînes,
  Et si leurs plaisirs, tour à tour,
  Plus vrais et plus vifs que nos peines,
  Ne nous faisaient chérir le jour.
  Mais de cette philosophie
Je ne réveille point les lugubres propos :
  Tu n'es faite que pour la vie ;
  Et t'entretenir de tombeaux,
Ce serait déployer sur la naissante aurore
Du soir d'un jour obscur les nuages épais,
  Et donner à la jeune Flore
  Une couronne de cyprès.
Qu'attends-tu cependant? tu veux que ma mémoire,
Retournant sur des jours d'alarmes et d'ennuis,

A MA SOEUR.

    T'en fasse la pénible histoire :
    Sur quels déplorables récits
    Exiges-tu que je m'arrête!
C'est rappeler mon âme aux portes de la mort.
J'y consens : mais bannis l'effroi de la tempête,
    Je la raconte dans le port.
Sur ses rameaux brisés et semés sur la terre
    Par la foudre ou l'effort des vents,
Un chêne voit enfin d'autres rameaux naissans,
Et, relevé des coups d'Éole et du tonnerre,
    Il compte de nouveaux printemps.
Le jour a reparu. Rien n'est long-temps extrême.
    Tel était mon affreux tourment;
J'ai souffert plus de maux au bord du monument,
    Que n'en apporte la mort même :
La douleur est un siècle, et la mort un moment.
    Frappé d'une main foudroyante,
Et frappé dans le sein des arts et des amours,
    De la santé la plus brillante
Je vis en un instant s'éteindre les beaux jours :
Ainsi d'un ruisseau pur la naïade éplorée,
Dans une froide nuit, par le fougueux Borée
De ses plus vives eaux voit enchaîner le cours.
    Dans cette langueur meurtrière,
Comptant les pas du temps trop lent aux malheureux,
    Quarante fois de la lumière
    J'ai vu disparaître les feux,
    Quarante fois dans sa carrière

J'ai vu rentrer l'astre des cieux :
Et, dans un si long intervalle,
La Parque, d'une main fatale,
Arrachant de mes yeux les paisibles pavots,
Pour moi ne fila point une heure de repos ;
Par le souffle brûlant de la fièvre indomptée
Chaque jour ma force emportée
Renaissait chaque jour pour des tourmens nouveaux :
Dans la fable de Prométhée
Tu vois l'histoire de mes maux.
Après l'effroi qui suit l'attente du supplice,
Voilé des plus noires couleurs,
Parut enfin ce jour de malheureux auspice
Où de l'humanité j'épuisai les douleurs :
Couché sur un bûcher et l'autel et le trône
D'Esculape et de Tisiphone,
Courbé sous le pouvoir de leurs prêtres cruels,
J'ai vu couler mon sang sous les couteaux mortels.
Mon âme s'avança vers les rivages sombres :
Mais quel rayon lancé du sein des immortels,
L'arrêtant à travers la région des ombres,
Vint ranimer mes sens sur ces sanglans autels !
Je crus sortir du noir abîme,
Quand, revenant au jour, je me vis délivré :
Je trompai le trépas, ainsi qu'une victime
Que frappe un bras mal assuré :
Inutilement poursuivie,
Et plus forte par la douleur,

Elle arrache, en fuyant, les restes de sa vie
    Aux coups du sacrificateur.
    Il est une jeune déesse,
Plus agile qu'Hébé, plus fraîche que Vénus :
Elle écarte les maux, les langueurs, la faiblesse ;
    Sans elle la beauté n'est plus ;
    Les Amours, Bacchus et Morphée
    La soutiennent sur un trophée
    De myrte et de pampres orné,
    Tandis qu'à ses pieds abattue
    Rampe l'inutile statue
    Du dieu d'Épidaure enchaîné.
Ame de l'univers, charme de nos années,
    Heureuse et tranquille SANTÉ,
Toi qui viens renouer le fil de mes journées,
Et rendre à mon esprit sa plus vive clarté,
Quand, prodigues des dons d'une courte jeunesse,
Ne portant que la honte et d'amères douleurs
    A la trop précoce vieillesse,
Les aveugles mortels abrègent tes faveurs,
Je vais sacrifier dans ton temple champêtre,
    Loin des cités et de l'ennui.
Tout nous appelle aux champs; le printemps va renaître
    Et j'y vais renaître avec lui.
    Dans cette retraite chérie
    De la sagesse et du plaisir,
    Avec quel goût je vais cueillir
    La première épine fleurie,

ÉPITRE

Et de Philomèle attendrie
Recevoir le premier soupir !
Avec les fleurs dont la prairie
A chaque instant va s'embellir,
Mon âme, trop long-temps flétrie,
Va de nouveau s'épanouir,
Et, loin de toute rêverie,
Voltiger avec le zéphyr.
Occupé tout entier du soin, du plaisir d'être,
Au sortir du néant affreux,
Je ne songerai qu'à voir naître
Ces bois, ces berceaux amoureux,
Et cette mousse et ces fougères
Qui seront, dans les plus beaux jours,
Le trône des tendres bergères,
Et l'autel des heureux amours.

O jours de la convalescence !
Jours d'une pure volupté !
C'est une nouvelle naissance,
Un rayon d'immortalité.
Quel feu ! tous les plaisirs ont volé dans mon âme.
J'adore avec transport le céleste flambeau ;
Tout m'intéresse, tout m'enflamme ;
Pour moi l'univers est nouveau.
Sans doute que le dieu qui nous rend l'existence
A l'heureuse convalescence
Pour de nouveaux plaisirs donne de nouveaux sens ;

A MA SOEUR.

    A ses regards impatients
Le chaos fuit, tout naît, la lumière commence,
    Tout brille des feux du printemps.
Les plus simples objets, le chant d'une fauvette,
Le matin d'un beau jour, la verdure des bois,
    La fraîcheur d'une violette,
    Mille spectacles qu'autrefois
    On voyait avec nonchalance,
Transportent aujourd'hui, présentent des appas
    Inconnus à l'indifférence,
    Et que la foule ne voit pas.
    Tout s'émousse dans l'habitude;
    L'amour s'endort sans volupté;
Las des mêmes plaisirs, las de leur multitude,
    Le sentiment n'est plus flatté;
Dans le fracas des jeux, dans la plus vive orgie,
    L'esprit, sans force et sans clarté,
    Ne trouve que la léthargie
    De l'insipide oisiveté.
Cléon, depuis dix ans de fêtes et d'ivresse,
Frais, brillant d'embonpoint, ramené chaque jour
    Entre la jeunesse et l'amour,
    Dans le néant de la mollesse
    Dort et végète tour à tour.
Lisis, depuis long-temps plongé dans les ténèbres,
    Entre Hippocrate et les ennuis,
    Libre de leurs chaînes funèbres,
Vient de quitter enfin leurs lugubres réduits.

Observez-les tous deux dans une même fête :
Cléon n'y paraîtra que distrait ou glacé ;
Tout glisse sur ses sens, nul plaisir ne s'arrête
    Au fond de son cœur émoussé :
Tout charmera Lisis : cette nymphe est plus belle,
    Cette sirène a mieux chanté,
D'un plus aimable feu ce champagne étincelle,
Ces convives joyeux sont la troupe immortelle,
Cette brune charmante est la divinité.
Cléon est un sultan qu'un bonheur trop facile
Prive du sentiment, des ardeurs, des transports ;
En vain de cent beautés une troupe inutile
Lui cherche des désirs : infructueux efforts !
    Mahomet est au rang des morts.
    Lisis, dans ses ardeurs nouvelles,
    Est un voyageur de retour ;
    Éloigné des jeux et des belles,
Le plus triste vaisseau fut long-temps son séjour :
Il touche le rivage ; à l'instant tout l'invite ;
    Et pour Lisis, dans ce beau jour,
La première Philis des hameaux d'alentour
    Est la sultane favorite,
    Et le miracle de l'amour.

ODE

SUR L'AMOUR DE LA PATRIE.

Dans cet asile solitaire
Suis-moi, viens charmer ma langueur,
Muse, unique dépositaire
Des ennuis secrets de mon cœur.
Aux ris, aux jeux quand tout conspire,
Pardonne si je prends ta lyre
Pour n'exprimer que des regrets :
Plus sensible que Philomèle,
Je viens soupirer avec elle
Dans le silence des forêts.

En vain sur cette aimable rive
La jeune Flore est de retour ;
En vain Cérès, long-temps captive,
Ouvre son sein au dieu du jour :
Dans ma lente mélancolie,
Ce Tempé, cette autre Idalie
N'a pour moi rien de gracieux ;
L'amour d'une chère patrie
Rappelle mon âme attendrie
Sur des bords plus beaux à mes yeux.

ODE

Loin du séjour que je regrette,
J'ai déjà vu quatre printemps;
Une inquiétude secrète
En a marqué tous les instans :
De cette demeure chérie
Une importune rêverie
Me retrace l'éloignement.
Faut-il qu'un souvenir que j'aime,
Loin d'adoucir ma peine extrême,
En aigrisse le sentiment !

Mais que dis-je ? forçant l'obstacle
Qui me sépare de ces lieux,
Mon esprit se donne un spectacle
Dont ne peuvent jouir mes yeux.
Pourquoi m'en ferais-je une peine ?
La douce erreur qui me ramène
Vers les objets de mes soupirs
Est le seul plaisir qui me reste
Dans la privation funeste
D'un bien qui manque à mes désirs.

Soit instinct, soit reconnaissance,
L'homme, par un penchant secret,
Chérit le lieu de sa naissance,
Et ne le quitte qu'à regret :
Les cavernes hyperborées,
Les plus odieuses contrées

SUR L'AMOUR DE LA PATRIE.

Savent plaire à leurs habitans ;
Sur nos délicieux rivages
Transplantez ces peuples sauvages,
Vous les y verrez moins coutens.

Sans ce penchant qui nous domine
Par un invisible ressort,
Le laboureur en sa chaumine
Vivrait-il content de son sort ?
Hélas ! au foyer de ses pères,
Triste héritier de leurs misères,
Que pourrait-il trouver d'attraits,
Si la naissance et l'habitude
Ne lui rendaient sa solitude
Plus charmante que les palais ?

Souvent la fortune, un caprice,
Ou l'amour de la nouveauté,
Entraîne au loin notre avarice
Ou notre curiosité ;
Mais sous quelque beau ciel qu'on erre,
Il est toujours une autre terre
D'où le ciel nous paraît plus beau :
Loin que sa tendresse varie,
Cette estime de la patrie
Suit l'homme au delà du tombeau.

Oui, dans sa course déplorée,

S'il succombe au dernier sommeil
Sans revoir la douce contrée
Où brilla son premier soleil,
Là son dernier soupir s'adresse ;
Là son expirante tendresse
Veut que ses os soient ramenés :
D'une région étrangère
La terre serait moins légère
A ses mânes abandonnés.

Ainsi, par le jaloux Auguste
Banni de ton climat natal,
Ovide, quand la Parque injuste
T'allait frapper du trait fatal,
Craignant que ton ombre exilée,
Aux ombres des Scythes mêlée,
N'errât sur des bords inhumains,
Tu priais que ta cendre libre,
Rapportée aux rives du Tibre,
Fût jointe aux cendres des Romains [1].

Heureux qui, des mers Atlantiques
Au toit paternel revenu,
Consacre à ses dieux domestiques
Un repos enfin obtenu !
Plus heureux le mortel sensible

[1] Trist., lib. 3, eleg. 3.

Qui reste, citoyen paisible,
Où la nature l'a placé,
Jusqu'à ce que sa dernière heure
Ouvre la dernière demeure
Où ses aïeux l'ont devancé!

Ceux qu'un destin fixe et tranquille
Retient sous leur propre lambris
Possèdent ce bonheur facile,
Sans en bien connaître le prix;
Peut-être même, fatiguée
D'être aux mêmes lieux reléguée,
Leur âme ignore ces douceurs;
Il ne faudrait qu'un an d'absence
Pour leur apprendre la puissance
Que la patrie a sur les cœurs.

Pour fixer le volage Ulysse,
Jouet de Neptune irrité,
En vain Calypso, plus propice,
Lui promet l'immortalité :
Peu touché d'une île charmante,
A Pluton, malgré son amante,
De ses jours il soumet le fil,
Aimant mieux, dans sa cour déserte,
Descendre au tombeau de Laërte,
Qu'être immortel dans un exil.

A ces traits, qui peut méconnaître
L'amour généreux et puissant
Dont le séjour qui nous voit naître
S'attache notre cœur naissant?
Ce noble amour dans la disgrâce
Nous arme d'une utile audace
Contre le sort et le danger :
A ta fuite il prêta ses ailes,
Toi qui [1], par des routes nouvelles,
Volas loin d'un ciel étranger !

Cet amour, source de merveilles,
Ame des vertus et des arts,
Soutient l'Homère dans les veilles,
Et l'Achille dans les hasards ;
Il a produit ces faits sublimes,
Ces sacrifices magnanimes
Qu'à peine les âges ont crus ;
D'un Curtius l'effort rapide,
L'ardeur d'un Décic intrépide,
Et le dévoûment d'un Codrus.

Quelle étrange bizarrerie
Traîna ces stoïques errans
Qui, méconnaissant la patrie,
Firent gloire d'en vivre absens ?

[1] Dédale.

SUR L'AMOUR DE LA PATRIE.

Du nom de citoyens du monde
En vain leur secte vagabonde
Crut se faire un titre immortel :
L'erreur adora ces faux sages ;
La raison, juste en ses hommages,
N'encensa jamais leur autel.

Que tout le Lycée en réclame,
Je ne connais point pour vertu
Un goût par qui je vois de l'âme
Le plus cher instinct combattu :
S'il faut t'immoler la nature,
Je t'abhorre, sagesse dure,
A mes yeux tu n'es qu'une erreur :
Insensé le mortel sauvage
Qui, pour avoir le nom de sage,
Ose cesser d'avoir un cœur !

Bords de la Somme, aimables plaines
Dont m'éloigne un destin jaloux,
Que ne puis-je briser les chaînes
Qui me retiennent loin de vous !
Que ne puis-je, exempt de contrainte,
Échapper de ce labyrinthe
Par un industrieux essor,
Et jouir enfin sans alarmes
D'un séjour où règnent les charmes
Et les vertus de l'âge d'or !

ODE A UNE DAME

SUR LA MORT DE SA FILLE,

RELIGIEUSE A ARRAS.

—

Une douleur obstinée
Change en nuits vos plus beaux jours;
Près d'un tombeau prosternée,
Voulez-vous pleurer toujours?
Le chagrin qui vous dévore
Chaque jour avant l'aurore
Réveille vos soins amers;
La nuit vient, et trouve encore
Vos yeux aux larmes ouverts.

Trop justement attendrie,
Vous avez dû pour un temps
Plaindre une fille chérie
Moissonnée en son printemps:
Dans ces premières alarmes,
La plainte même a des charmes
Dont un cœur tendre est aloux;

ODE A UNE DAME.

Loin de condamner vos larmes,
J'en répandais avec vous.

Mais c'est être trop constante
Dans de mortels déplaisirs ;
La nature se contente
D'un mois entier de soupirs.
Hélas ! un chagrin si tendre
Sera-t-il su de ta cendre,
Ombre encor chère à nos cœurs ?
Non, tu ne peux nous entendre,
Ni répondre à nos clameurs.

La plainte la plus amère
N'attendrit pas le destin ;
Malgré les cris d'une mère,
La mort retient son butin :
Avide de funérailles,
Ce monstre, né sans entrailles,
Sans cesse armé de flambleaux,
Erre autour de nos murailles,
Et nous creuse des tombeaux.

La mort, dans sa vaste course,
Voit des parens éplorés
Gémir (trop faible ressource !)
Sur des enfans expirés :
Sourde à leur plainte importune,

Elle unit leur infortune
A l'objet de leurs regrets
Dans une tombe commune
Et sous les mêmes cyprès.

Des enfers pâle ministre,
L'affreux ennui, fier vautour,
Les poursuit d'un vol sinistre,
Et les dévore à leur tour.
De leur tragique tristesse
N'imitez point la faiblesse :
Victime de vos langueurs,
Bientôt à notre tendresse
Vous coûteriez d'autres pleurs.

Soupirez-vous par coutume,
Comme ces sombres esprits
Qui traînent dans l'amertume
La chaîne de leurs ennuis ?
C'est à tort que le Portique
Avec le Parnasse antique
Tient qu'il est doux de gémir,
Un deuil lent et léthargique
Ne fut jamais un plaisir.

Dans l'horreur d'un bois sauvage
La tourterelle gémit :
Mais se faisant au veuvage,

A UNE DAME.

Son cœur enfin s'affermit.
Semblable à la tourterelle,
En vain la douleur fidèle
Veut conserver son dégoût;
Le temps triomphe enfin d'elle,
Comme il triomphe de tout.

D'Iphigénie immolée
Je vois le bûcher fumant,
Clytemnestre désolée
Veut la suivre au monument;
Mais cette noire manie
Par d'autres soins fut bannie :
Le temps essuya ses pleurs.
Tels de notre Iphigénie
Nous oublirons les malheurs.

Sur son aile fugitive,
Si le temps doit emporter
Cette tristesse plaintive
Que vous semblez respecter,
Sans attendre en servitude
Que de votre inquiétude
Il chasse le noir poison,
Combattez-en l'habitude,
Et vainquez-vous par raison.

Une Grecque magnanime,

ODE

Dans un semblable malheur,
D'un chagrin pusillanime
Sut sauver son noble cœur :
A la Parque en vain rebelle,
Pourquoi m'affliger? dit-elle :
J'y songeai dès son berceau ;
J'élevais une mortelle
Soumise au fatal ciseau.

Mais non, stoïques exemples,
Vous êtes d'un vain secours ;
Ce n'est que dans tes saints temples,
Grand Dieu ! qu'est notre recours.
Pour guérir ce coup funeste
Il faut une main céleste ;
N'espérez rien des mortels :
Un consolateur vous reste,
Il vous attend aux autels.

Portez donc au sanctuaire,
Soumise aux divins arrêts,
Portez le cœur d'une mère
Chrétienne dans ses regrets :
Adorez-y dans vos peines
Les volontés souveraines
Du dispensateur des jours ;
Il rompt nos plus tendres chaînes
Pour fixer seul nos amours.

A UNE DAME.

    Avant d'ôter à la vie
Celle dont j'écris le sort,
Le Ciel vous l'avait ravie
Par une première mort :
D'un monde que l'erreur vante
Une retraite fervente
Lui fermait tous les chemins ;
Pour Dieu seul encor vivante,
Elle était morte aux humains.

    La victime, Dieu propice,
A l'autel [1] allait marcher ;
Déjà pour le sacrifice
L'amour saint dresse un bûcher :
L'encens, les fleurs, tout s'apprête ;
Bientôt ta jeune conquête...
Mais quels cris ! qu'entends-je ? Hélas !
J'allais chanter une fête,
Il faut pleurer un trépas.

    Ainsi périt une rose
Que frappe un souffle mortel ;
On la cueille à peine éclose
Pour en parer un autel.
Depuis l'aube matinale

---

[1] Elle était sur le point de faire profession : elle prononça ses vœux avant que d'expirer.

La douce odeur qu'elle exhale
Parfume un temple enchanté;
Le jour fuit, la nuit fatale
Ensevelit sa beauté.

Ciel, nous plaignons sa jeunesse
Dont tes lois tranchent le cours;
Mais aux yeux de ta sagesse
Elle avait assez de jours.
Ce n'est point par la durée
Que doit être mesurée
La course de tes élus;
La mort n'est prématurée
Que pour qui meurt sans vertus.

Vous donc, l'objet de mes rimes,
Ne pleurez point son bonheur;
Par ces solides maximes
Raffermissez votre cœur.
Que l'arbitre des années,
Dieu, qui voit nos destinées
Éclore et s'évanouir,
Joigne à vos ans les journées
Dont elle aurait dû jouir!

VERS

SUR LA TRAGÉDIE D'ALZIRE.

Quelques ombres, quelques défauts
　　Ne déparent point une belle :
　Trois fois j'ai vu la Voltaire nouvelle,
Et trois fois j'ai trouvé des agrémens nouveaux.
Aux règles, me dit-on, la pièce est peu fidèle.
Si mon esprit contre elle a des objections,
　　Mon cœur a des larmes pour elle :
Les pleurs décident mieux que les réflexions.
Le goût, partout divers, marche sans règle sûre ;
　Le sentiment ne va point au hasard :
　　　On s'attendrit sans imposture ;
　　　Le suffrage de la nature
　　　L'emporte sur celui de l'art.
　　Oui, préférant à la règle sévère
　　L'enchantement d'un délire divin,
En dépit du Zoïle et du censeur austère,
Je compterai toujours sur un plaisir certain
Quand on réunira les muses de Voltaire
　　　Et les grâces de la Gaussin.

LE MÉCHANT,

COMÉDIE,

Représentée, en 1747, par les Comédiens ordinaires du Roi.

PERSONNAGES.

CLÉON, méchant.
GÉRONTE, frère de Florise.
FLORISE, mère de Chloé.
CHLOÉ.
ARISTE, ami de Géronte.
VALÈRE, amant de Chloé.
LISETTE, suivante.
FRONTIN, valet de Cléon.
Un Laquais.

La scène est à la campagne, dans un château de Géronte.

LE MÉCHANT,

COMÉDIE.

ACTE PREMIER.

SCÈNE PREMIÈRE.

LISETTE, FRONTIN.

FRONTIN.

Te voilà de bonne heure, et toujours plus jolie.

LISETTE.

Je n'en suis pas plus gaie.

FRONTIN.

Eh! pourquoi, je te prie?

LISETTE.

Oh! pour bien des raisons.

FRONTIN.

Es-tu folle? Comment!
On prépare une noce, une fête...

LISETTE.

Oui vraiment,
Crois cela; mais pour moi, j'en suis bien convaincue,
Nos affaires vont mal, et la noce est rompue.

FRONTIN.

Pourquoi donc?

LISETTE.

Oh! pourquoi? dans toute la maison
Il règne un air d'aigreur et de division
Qui ne le dit que trop. Au lieu de cette aisance
Qu'établissait ici l'entière confiance,
On se boude, on s'évite, on bâille, on parle bas;
Et je crains que demain l'on ne se parle pas.
Va, la noce est bien loin, et j'en sais trop la cause :
Ton maître sourdement...

FRONTIN.

Lui! bien loin qu'il s'oppose
Au choix qui doit unir Valère avec Chloé,
Je puis te protester qu'il l'a fort appuyé,
Et qu'au bon homme d'oncle il répète sans cesse
Que c'est le seul parti qui convienne à sa nièce.

LISETTE.

S'il s'en mêle, tant pis; car s'il fait quelque bien,
C'est que pour faire mal il lui sert de moyen.
Je sais ce que je sais; et je ne puis comprendre
Que, connaissant Cléon, tu veuilles le défendre.
Droit, franc comme tu l'es, comment estimes-tu
Un fourbe, un homme faux, déshonoré, perdu,
Qui nuit à tout le monde, et croit tout légitime?

FRONTIN.

Oh! quand on est fripon, je rabats de l'estime.
Mais autant qu'on peut voir, et que je m'y connais,

ACTE I, SCÈNE I.

Mon maître est honnête homme, à quelque chose près.
La première vertu qu'en lui je considère,
C'est qu'il est libéral; excellent caractère!
Un maître, avec cela, n'a jamais de défaut;
Et de sa probité c'est tout ce qu'il me faut.
Il me donne beaucoup, outre de fort bons gages.

LISETTE.

Il faut, puisqu'il te fait de si grands avantages,
Que de ton savoir-faire il ait souvent besoin.
Mais tiens, parle-moi vrai, nous sommes sans témoin:
Cette chanson qui fit une si belle histoire...

FRONTIN.

Je ne me pique pas d'avoir de la mémoire.
Les rapports font toujours plus de mal que de bien;
Et de tout le passé je ne sais jamais rien.

LISETTE.

Cette méthode est bonne, et j'en veux faire usage.
Adieu, monsieur Frontin.

FRONTIN.

                Quel est donc ce langage?
Mais Lisette, un moment.

LISETTE.

            Je n'ai que faire ici.

FRONTIN.

As-tu donc oublié, pour me traiter ainsi,
Que je t'aime toujours, et que tu dois m'en croire?

LISETTE.

Je ne me pique pas d'avoir de la mémoire.

FRONTIN.

Mais que veux-tu ?

LISETTE.

Je veux que, sans autre façon,
Si tu veux m'épouser, tu laisses là Cléon.

FRONTIN.

Oh ! le quitter ainsi, c'est de l'ingratitude ;
Et puis d'ailleurs je suis animal d'habitude.
Où trouverais-je mieux ?

LISETTE.

Ce n'est pas l'embarras :
Si, malgré ce qu'on voit et ce qu'on ne voit pas,
La noce en question parvenait à se faire,
Je pourrais, par Chloé, te placer chez Valère.
Mais à propos de lui, j'apprends avec douleur
Qu'il connaît fort ton maître, et c'est un grand malheur.
Valère, à ce qu'on dit, est aimable, sincère,
Plein d'honneur, annonçant le meilleur caractère :
Mais séduit par l'esprit ou la fatuité,
Croyant qu'on réussit par la méchanceté,
Il a choisi, dit-on, Cléon pour son modèle ;
Il est son complaisant, son copiste fidèle...

FRONTIN.

Mais tu fais des malheurs et des monstres de tout.
Mon maître a de l'esprit, des lumières, du goût,
L'air et le ton du monde, et le bien qu'il peut faire
Est au-dessus du mal que tu crains pour Valère.

ACTE I, SCÈNE I.

LISETTE.

Si pourtant il ressemble à ce qu'on dit de lui,
Il changera de guide. Il arrive aujourd'hui :
Tu verras; les méchans nous apprennent à l'être;
Par d'autres ou par moi, je lui peindrai ton maître.
Au reste, arrange-toi, fais tes réflexions :
Je t'ai dit ma pensée et mes conditions :
J'attends une réponse et positive et prompte.
Quelqu'un vient, laisse-moi...Je crois que c'est Géronte.
Comment! il parle seul !

SCÈNE II.

GÉRONTE, LISETTE.

GÉRONTE, sans voir Lisette.

Ma foi, je tiendrai bon.
Quand on est bien instruit, bien sûr d'avoir raison,
Il ne faut pas céder. Elle suit son caprice :
Mais moi, je veux la paix, le bien et la justice :
Valère aura Chloé.

LISETTE.

Quoi! sérieusement?

GÉRONTE.

Comment! tu m'écoutais?

LISETTE.

Tout naturellement.
Mais n'est-ce point un rêve, une plaisanterie?

Comment, monsieur! j'aurais, une fois en ma vie,
Le plaisir de vous voir, en dépit des jaloux,
De votre sentiment, et d'un avis à vous?

GÉRONTE.

Qui m'en empêcherait? je tiendrai ma promesse;
Sans l'avis de ma sœur, je marîrai ma nièce.
C'est sa fille, il est vrai; mais les biens sont à moi:
Je suis le maître enfin. Je te jure ma foi
Que la donation que je suis prêt à faire
N'aura lieu pour Chloé qu'en épousant Valère:
Voilà mon dernier mot.

LISETTE.

        Voilà parler, cela!

GÉRONTE.

Il n'est point de parti meilleur que celui-là.

LISETTE.

Assurément.

GÉRONTE.

        C'était pour traiter cette affaire,
Qu'Ariste vint ici la semaine dernière.
La mère de Valère, entre tous ses amis,
Ne pouvait mieux choisir pour proposer son fils.
Ariste est honnête homme, intelligent et sage:
L'amitié qui nous lie est, ma foi, de notre âge.
Il est parti muni de mon consentement,
Et l'affaire sera finie incessamment;
Je n'écouterai plus aucun avis contraire.
Pour la conclusion l'on n'attend que Valère:

Il a dû revenir de Paris ces jours-ci :
Et ce soir au plus tard je les attends ici.
LISETTE.
Fort bien.
GÉRONTE.
Toujours plaider m'ennuie et me ruine :
Des terres du futur cette terre est voisine ;
Et, confondant nos droits, je finis des procès
Qui, sans cette union, ne finiraient jamais.
LISETTE.
Rien n'est plus convenable.
GÉRONTE.
Et puis d'ailleurs ma nièce
Ne me dédira point, je crois, de ma promesse,
Ni Valère non plus. Avant nos différens,
Ils se voyaient beaucoup, n'étant encor qu'enfans :
Ils s'aimaient ; et souvent cet instinct de l'enfance
Devient un sentiment quand la raison commence.
Depuis près de six ans qu'il demeure à Paris,
Ils ne se sont pas vus : mais je serais surpris
Si, par ses agrémens et son bon caractère,
Chloé ne retrouvait tout le goût de Valère.
LISETTE.
Cela n'est pas douteux.
GÉRONTE.
Encore une raison
Pour finir : j'aime fort ma terre, ma maison ;
Leur embellissement fit toujours mon étude.

On n'est pas immortel : j'ai quelque inquiétude
Sur ce qu'après ma mort tout ceci deviendra ;
Je voudrais mettre au fait celui qui me suivra,
Lui laisser mes projets. J'ai vu naître Valère :
J'aurai, pour le former, l'autorité d'un père.

LISETTE.

Rien de mieux ; mais....

GÉRONTE.

Quoi, mais? J'aime qu'on parle net.

LISETTE.

Tout cela serait beau : mais cela n'est pas fait.

GÉRONTE.

Hé! pourquoi donc?

LISETTE.

Pourquoi? pour une bagatelle
Qui fera tout manquer. Madame y consent-elle?
Si j'ai bien entendu, ce n'est pas son avis.

GÉRONTE.

Qu'importe? ses conseils ne seront pas suivis.

LISETTE.

Ah! vous êtes bien fort, mais c'est loin de Florise.
Au fond, elle vous mène, en vous semblant soumise :
Et, par malheur pour vous et toute la maison,
Elle n'a pour conseil que ce monsieur Cléon,
Un mauvais cœur, un traître, enfin un homme horrible,
Et pour qui votre goût m'est incompréhensible.

GÉRONTE.

Ah! te voilà toujours! On ne sait pas pourquoi

ACTE I, SCÈNE II.

Il te déplaît si fort.
LISETTE.
Oh! je le sais bien, moi.
Ma maîtresse autrefois me traitait à merveille,
Et ne peut me souffrir depuis qu'il la conseille.
Il croit que de ses tours je ne soupçonne rien;
Je ne suis point ingrate, et je lui rendrai bien...
Je vous l'ai déjà dit, vous n'en voulez rien croire,
C'est l'esprit le plus faux et l'âme la plus noire;
Et je ne vois que trop que ce qu'on m'en a dit...
GÉRONTE.
Toujours la calomnie en veut aux gens d'esprit.
Quoi donc! parce qu'il sait saisir le ridicule,
Et qu'il dit tout le mal qu'un flatteur dissimule,
On le prétend méchant! C'est qu'il est naturel :
Au fond, c'est un bon cœur, un homme essentiel.
LISETTE.
Mais je ne parle pas seulement de son style.
S'il n'avait de mauvais que le fiel qu'il distille,
Ce serait peu de chose, et tous les médisans
Ne nuisent pas beaucoup chez les honnêtes gens.
Je parle de ce goût de troubler, de détruire,
Du talent de brouiller, et du plaisir de nuire :
Semer l'aigreur, la haine et la division,
Faire du mal enfin, voilà votre Cléon :
Voilà le beau portrait qu'on m'a fait de son âme
Dans le dernier voyage où j'ai suivi madame.
Dans votre terre ici fixé depuis long-temps,

Vous ignorez Paris et ce qu'on dit des gens.
Moi, le voyant là-bas s'établir chez Florise,
Et lui trouvant un ton suspect à ma franchise,
Je m'informai de l'homme ; et ce qu'on m'en a dit
Est le tableau parfait du plus méchant esprit.
C'est un enchaînement de tours, d'horreurs secrètes,
De gens qu'il a brouillés, de noirceurs qu'il a faites,
Enfin un caractère effroyable, odieux.

GÉRONTE.

Fables que tout cela, propos des envieux.
Je le connais, je l'aime et je lui rends justice.
Chez moi, j'aime qu'on rie et qu'on me divertisse ;
Il y réussit mieux que tout ce que je voi :
D'ailleurs il est toujours du même avis que moi ;
Preuve que nos esprits étaient faits l'un pour l'autre,
Et qu'une sympathie, un goût comme le nôtre,
Sont pour durer toujours. Et puis, j'aime ma sœur ;
Et quiconque lui plaît convient à mon humeur :
Elle n'amène ici que bonne compagnie ;
Et, grâce à ses amis, jamais je ne m'ennuie.
Quoi ! si Cléon était un homme décrié,
L'aurais-je ici reçu ? l'aurait-elle prié ?
Mais quand il serait tel qu'on te l'a voulu peindre,
Faux, dangereux, méchant ; moi, qu'en aurais-je à craindre?
Isolé dans mes bois, loin des sociétés,
Que me font les discours et les méchancetés ?

LISETTE.

Je ne jurerais pas qu'en attendant pratique

Il ne divisât tout dans votre domestique.
Madame me paraît déjà d'un autre avis
Sur l'établissement que vous avez promis,
Et d'une.... Mais enfin je me serai méprise;
Vous en êtes content; madame en est éprise.
Je croirais même assez....

GÉRONTE.

Quoi! qu'elle aime Cléon?

LISETTE.

C'est vous qui l'avez dit, et c'est avec raison
Que je le pense, moi; j'en ai la preuve sûre.
Si vous me permettez de parler sans figure,
J'ai déjà vu madame avoir quelques amans;
Elle en a toujours pris l'humeur, les sentimens,
Le différent esprit. Tour à tour je l'ai vue
Ou folle, ou de bon sens, sauvage ou répandue;
Six mois dans la morale, et six dans les romans,
Selon l'amant du jour et la couleur du temps;
Ne pensant, ne voulant, n'étant rien d'elle-même,
Et n'ayant d'âme enfin que par celui qu'elle aime.
Or, comme je la vois, de bonne qu'elle était,
N'avoir qu'un ton méchant, ton qu'elle détestait,
Je conclus que Cléon est assez bien chez elle.
Autre conclusion tout aussi naturelle:
Elle en prendra conseil; vous en croirez le sien
Pour notre mariage, et nous ne tenons rien.

GÉRONTE.

Ah! je voudrais le voir! Corbleu! tu vas connaître

Si je ne suis qu'un sot, ou si je suis le maître.
J'en vais dire deux mots à ma très-chère sœur,
Et la faire expliquer. J'ai déjà sur le cœur
Qu'elle s'est peu prêtée à bien traiter Ariste ;
Tu m'y fais réfléchir : outre un accueil fort triste,
Elle m'avait tout l'air de se moquer de lui,
Et ne lui répondait qu'avec un ton d'ennui.
Oh! par exemple, ici tu ne peux pas me dire
Que Cléon ait montré le moindre goût de nuire,
Ni de choquer Ariste, ou de contrarier
Un projet dont ma sœur paraissait s'ennuyer,
Car il ne disait mot.

LISETTE.

Non, mais à la sourdine,
Quand Ariste parlait, Cléon faisait la mine ;
Il animait madame en l'approuvant tout bas :
Son air, des demi-mots que vous n'entendiez pas,
Certain ricanement, un silence perfide ;
Voilà comme il parlait, et tout cela décide.
Vraiment il n'ira pas se montrer tel qu'il est ;
Vous présent : il entend trop bien son intérêt ;
Il se sert de Florise, et sait se satisfaire
Du mal qu'il ne fait point, par le mal qu'il fait faire.
Enfin, à me prêcher vous perdez votre temps :
Je ne l'aimerai pas, j'abhorre les méchans :
Leur esprit me déplaît comme leur caractère,
Et les bons cœurs ont seuls le talent de me plaire.
Vous, monsieur, par exemple, à parler sans façon,

Je vous aime; pourquoi? c'est que vous êtes bon.
GÉRONTE.
Moi! je ne suis pas bon. Et c'est une sottise
Que pour un compliment....
LISETTE.
      Oui, bonté c'est bêtise,
Selon ce beau docteur : mais vous en reviendrez.
En attendant, en vain vous vous en défendrez :
Vous n'êtes pas méchant, et vous ne pouvez l'être.
Quelquefois, je le sais, vous voulez le paraître ;
Vous êtes, comme un autre, emporté, violent.
Et vous vous fâchez même assez honnêtement :
Mais au fond la bonté fait votre caractère,
Vous aimez qu'on vous aime, et je vous en révère.
GÉRONTE.
Ma sœur vient : tu vas voir si j'ai tant de douceur,
Et si je suis si bon.
LISETTE.
Voyons.

SCÈNE III.

FLORISE, GÉRONTE, LISETTE.

GÉRONTE, d'un ton brusque.
      Bonjour, ma sœur.
FLORISE.
Ah dieux! parlez plus bas, mon frère, je vous prie.

GÉRONTE.

Hé! pourquoi, s'il vous plaît?

FLORISE.

Je suis anéantie :
Je n'ai pas fermé l'œil; et vous criez si fort....

GÉRONTE, bas à Lisette.

Lisette, elle est malade.

LISETTE, bas à Géronte.

Et vous, vous êtes mort.
Voilà donc ce courage?

FLORISE.

Allez savoir, Lisette,
Si l'on peut voir Cléon.... Faut-il que je répète?

SCÈNE IV.

FLORISE, GÉRONTE.

FLORISE.

Je ne sais ce que j'ai, tout m'excède aujourd'hui :
Aussi c'est vous.... hier....

GÉRONTE.

Quoi donc?

FLORISE.

Oui, tout l'ennui
Que vous m'avez causé sur ce beau mariage
Dont je ne vois pas bien l'important avantage,
Tout vos propos sans fin m'ont occupé l'esprit,

Au point que j'ai passé la plus mauvaise nuit.
GÉRONTE.
Mais, ma sœur, ce parti....
FLORISE.
Finissons là, de grâce :
Allez-vous m'en parler? je vous cède la place.
GÉRONTE.
Un moment; je ne veux....
FLORISE.
Tenez, j'ai de l'humeur,
Et je vous répondrais peut-être avec aigreur.
Vous savez que je n'ai de désirs que les vôtres :
Mais, s'il faut quelquefois prendre l'avis des autres,
Je crois que c'est surtout dans cette occasion.
Eh bien! sur cette affaire entretenez Cléon :
C'est un ami sensé, qui voit bien, qui vous aime.
S'il approuve ce choix, j'y souscrirai moi-même.
Mais je ne pense pas, à parler sans détours,
Qu'il soit de votre avis, comme il en est toujours.
D'ailleurs, qui vous a fait hâter cette promesse ?
Tout bien considéré, je ne vois rien qui presse.
Oh! mais, me dites-vous, on nous chicanera ;
Ce seront des procès! Eh bien! on plaidera.
Faut-il qu'un intérêt d'argent, une misère,
Nous fasse ainsi brusquer une importante affaire.
Cessez de m'en parler, cela m'excède.
GÉRONTE.
Moi!

Je ne dis rien, c'est vous....

FLORISE.

Belle alliance !

GÉRONTE.

Eh quoi !....

FLORISE.

La mère de Valère est maussade, ennuyeuse,
Sans usage du monde, une femme odieuse :
Que voulez-vous qu'on dise à de pareils oisons ?

GÉRONTE.

C'est une femme simple et sans prétentions,
Qui, veillant sur ses biens....

FLORISE.

La belle emplette encore
Que ce Valère ! un fat qui s'aime, qui s'adore.

GÉRONTE.

L'agrément de cet âge en couvre les défauts :
Hé ! qui donc n'est pas fat ? Tout l'est, jusques aux sots.
Mais le temps remédie aux torts de la jeunesse.

FLORISE.

Non : il peut rester fat ; n'en voit-on pas sans cesse
Qui jusqu'à cinquante ans gardent l'air éventé,
Et sont les vétérans de la fatuité ?

GÉRONTE.

Laissons cela. Cléon sera donc notre arbitre.
Je veux vous demander, sur un autre chapitre,
Un peu de complaisance ; et j'espère, ma sœur....

ACTE I, SCÈNE IV.

FLORISE.

Ah ! vous savez trop bien tous vos droits sur mon cœur.

GÉRONTE.

Ariste doit ici....

FLORISE.

        Votre Ariste m'assomme :
C'est, je vous l'avoûrai, le plus plat honnête homme...

GÉRONTE.

Ne vous voilà-t-il pas? J'aime tous vos amis ;
Tous ceux que vous voulez, vous les voyez admis :
Et moi je n'en ai qu'un, que j'aime pour mon compte,
Et vous le détestez : oh ! cela me démonte.
Vous l'avez accablé, contredit, abruti ;
Croyez-vous qu'il soit sourd, et qu'il n'ait rien senti,
Quoiqu'il n'ait rien marqué? Vous autres, fortes têtes,
Vous voilà ! vous prenez tous les gens pour des bêtes ;
Et ne ménageant rien....

FLORISE.

            Eh mais ! tant pis pour lui,
S'il s'en est offensé ; c'est aussi trop d'ennui,
S'il faut, à chaque mot, voir comme on peut le prendre.
Je dis ce qui me vient, et l'on peut me le rendre :
Le ridicule est fait pour notre amusement,
Et la plaisanterie est libre.

GÉRONTE.

                Mais vraiment,
Je sais bien, comme vous, qu'il faut un peu médire :
Mais en face des gens il est trop fort d'en rire.

Pour conserver vos droits, je veux bien vous laisser
Tous ces lourds campagnards que je voudrais chasser
Quand ils viennent : raillez leurs façons, leur langage,
Et tout l'arrière-ban de notre voisinage ;
Mais grâce, je vous prie, et plus d'attention
Pour Ariste. Il revient. Faites réflexion
Qu'il me croira, s'il est traité de même sorte,
Un maître à qui bientôt on fermera sa porte :
Je ne crois pas avoir cet air-là, Dieu merci.
Enfin, si vous m'aimez, traitez bien mon ami.

FLORISE.

Par malheur je n'ai point l'art de me contrefaire.
Il vient pour un sujet qui ne saurait me plaire,
Et je le marquerais indubitablement :
Je ne sortirai pas de mon appartement.

GÉRONTE.

Ce serait une scène.

FLORISE.

Eh non! je ferai dire
Que je suis malade.

GÉRONTE.

Oh! toujours me contredire!

FLORISE.

Mais, marier Chloé! mon frère, y pensez-vous ?
Elle est si peu formée, et si sotte, entre nous....

GÉRONTE.

Je ne vois pas cela. Je lui trouve, au contraire,
De l'esprit naturel, un fort bon caractère ;

Ce qu'elle est devant vous ne vient que d'embarras.
On imaginerait que vous ne l'aimez pas
A vous la voir traiter avec tant de rudesse.
Loin de l'encourager, vous l'effrayez sans cesse ;
Et vous l'abrutissez dès que vous lui parlez.
Sa figure est fort bien d'ailleurs.

FLORISE.

Si vous voulez.

Mais c'est un air si gauche, une maussaderie....

GÉRONTE élève la voix, apercevant Lisette.

Tout comme il vous plaira. Finissons, je vous prie.
Puisque je l'ai promis, je veux bien voir Cléon,
Parce que je suis sûr de sa décision.
Mais quoi qu'on puisse dire, il faut ce mariage ;
Il n'est point pour Chloé d'arrangement plus sage :
Feu son père, on le sait, a mangé tout son bien ;
Le vôtre est médiocre, elle n'a que le mien :
Et quand je donne tout, c'est bien la moindre chose
Qu'on daigne se prêter à ce que je propose.

(Il sort.)

FLORISE.

Qu'un sot est difficile à vivre !

SCÈNE V.

FLORISE, LISETTE.

FLORISE.

Hé bien ! Cléon

Paraîtra-t-il bientôt?

LISETTE.

Mais oui, si ce n'est non.

FLORISE.

Comment donc?

LISETTE.

Mais, madame, au ton dont il s'expliqu
A son air, où l'on voit dans un rire ironique
L'estime de lui-même et le mépris d'autrui,
Comment peut-on savoir ce qu'on tient avec lui?
Jamais ce qu'il vous dit n'est ce qu'il veut vous dire.
Pour moi, j'aime les gens dont l'âme peut se lire,
Qui disent bonnement oui pour oui, non pour non.

FLORISE.

Autant que je puis voir, vous n'aimez pas Cléon.

LISETTE.

Madame, je serai peut-être trop sincère :
Mais il a pleinement le don de me déplaire.
On lui croit de l'esprit, vous dites qu'il en a :
Moi, je ne voudrais point de tout cet esprit-là,
Quand il serait pour rien. Je n'y vois, je vous jure,
Qu'un style qui n'est pas celui de la droiture;
Et sous cet air capable, où l'on ne comprend rien,
S'il cache un honnête homme, il le cache très-bien.

FLORISE.

Tous vos raisonnemens ne valent pas la peine
Que j'y réponde : mais, pour calmer cette haine,
Disposez pour Paris tout votre arrangement :

ACTE I, SCÈNE V.

Vous y suivrez Chloé; je l'envoie au couvent.
Dites-lui de ma part....

LISETTE.

Voici mademoiselle :
Vous-même apprenez-lui cette belle nouvelle.

FLORISE, à Chloé, qui lui baise la main.

Vous êtes aujourd'hui coiffée à faire horreur !

(Elle sort.)

SCÈNE VI.

CHLOÉ, LISETTE.

CHLOÉ.

Quoi ! suis-je donc si mal ?

LISETTE.

Bon ! c'est une douceur
Qu'on vous dit en passant, par humeur, par envie,
Le tout pour vous punir d'oser être jolie :
N'importe ; là-dessus allez votre chemin.

CHLOÉ.

Du chagrin qui me suit quand verrai-je la fin ?
Je cherche à mériter l'amitié de ma mère ;
Je veux la contenter, je fais tout pour lui plaire ;
Je me sacrifirais :. et tout ce que je fais
De son aversion augmente les effets !
Je suis bien malheureuse !

LISETTE.

Ah ! quittez ce langage,

Les lamentations ne sont d'aucun usage :
Il faut de la vigueur : nous en viendrons à bout
Si vous me secondez. Vous ne savez pas tout.

CHLOÉ.

Est-il quelque malheur au delà de ma peine?

LISETTE.

D'abord, parlez-moi vrai, sans que rien vous retienne.
Voyons; qu'aimez-vous mieux du cloître ou d'un époux?

CHLOÉ.

A quoi bon ce propos?

LISETTE.

C'est que j'ai près de vous
Des pouvoirs pour les deux. Votre oncle m'a chargée
De vous dire que c'est une affaire arrangée
Que votre mariage : et, d'un autre côté,
Votre mère m'a dit, avec même clarté,
De vous notifier qu'il fallait sans remise
Partir pour le couvent : jugez de ma surprise.

CHLOÉ.

Ma mère est la maîtresse, il lui faut obéir;
Puisse-t-elle, à ce prix, cesser de me haïr!

LISETTE.

Doucement, s'il vous plaît, l'affaire n'est pas faite,
Et ma décision n'est pas pour la retraite :
Je ne suis point d'humeur d'aller périr d'ennui.
Frontin veut m'épouser, et j'ai du goût pour lui :
Je ne souffrirai pas l'exil qu'on nous ordonne.
Mais vous, n'aimez-vous plus Valère, qu'on vous donne?

CHLOÉ.

Tu le vois bien, Lisette, il n'y faut plus songer.
D'ailleurs, long-temps absent, Valère a pu changer
La dissipation, l'ivresse de son âge,
Une ville où tout plaît, un monde où tout engage,
Tant d'objets séduisans, tant de divers plaisirs,
Ont loin de moi sans doute emporté ses désirs.
Si Valère m'aimait, s'il songeait que je l'aime,
J'aurais dû quelquefois l'apprendre de lui-même.
Qu'il soit heureux du moins! pour moi, j'obéirai :
Aux ennuis de l'exil mon cœur est préparé,
Et j'y dois expier le crime involontaire
D'avoir pu mériter la haine de ma mère.
A quoi rêves-tu donc? tu ne m'écoutes pas.

LISETTE.

Fort bien..... Voilà de quoi nous tirer d'embarras....
Et sûrement Florise....

CHLOÉ.

Eh bien !

LISETTE.

Mademoiselle,
Soyez tranquille ; allez, fiez-vous à mon zèle :
Nous verrons, sans pleurer, la fin de tout ceci.
C'est Cléon qui nous perd et brouille tout ici :
Mais, malgré son crédit, je vous donne Valère.
J'imagine un moyen d'éclairer votre mère
Sur le fourbe insolent qui la mène aujourd'hui ;

Et nous la guérirons du goût qu'elle a pour lui :
Vous verrez.

CHLOÉ.

Ne fais rien que ce qu'elle souhaite.
Que ses vœux soient remplis, et je suis satisfaite.

SCÈNE VII.

LISETTE, seule.

Pour faire son bonheur je n'épargnerai rien.
Hélas ! on ne fait plus de cœurs comme le sien.

FIN DU PREMIER ACTE.

ACTE SECOND.

—

SCÈNE I.

CLÉON, FRONTIN.

CLÉON.

Qu'est-ce donc que cet air d'ennui, d'impatience ?
Tu fais tout de travers. Tu gardes le silence !
Je ne t'ai jamais vu de si mauvaise humeur.

FRONTIN.

Chacun a ses chagrins.

CLÉON.

Ah !... tu me fais l'honneur
De me parler enfin ! Je parviendrai peut-être
A voir de quel sujet tes chagrins peuvent naître.
Mais, à propos, Valère ?

FRONTIN.

Un de vos gens viendra
M'avertir en secret, dès qu'il arrivera.
Mais pourrais-je savoir d'où vient tout ce mystère ?
Je ne comprends pas trop le projet de Valère :
Pourquoi, lui qu'on attend, qui doit bientôt, dit-on,
Se voir avec Chloé l'enfant de la maison,
Prétend-il vous parler sans se faire connaître ?

CLÉON.

Quand il en sera temps, je le ferai paraître.

FRONTIN.

Je n'y vois pas trop clair; mais le peu que j'y voi
Me paraît mal à vous, et dangereux pour moi.
Je vous ai, comme un sot, obéi sans mot dire;
J'ai réfléchi depuis. Vous m'avez fait écrire
Deux lettres, dont chacune, en honnête maison,
A celui qui l'écrit vaut cent coups de bâton.

CLÉON.

Je te croyais du cœur. Ne crains point d'aventure :
Personne ne connaît ici ton écriture;
Elles arriveront de Paris. Et pourquoi
Veux-tu que le soupçon aille tomber sur toi?
La mère de Valère a sa lettre, sans doute;
Et celle de Géronte?

FRONTIN.

Elle doit être en route :
La poste d'aujourd'hui va l'apporter ici.
Mais sérieusement tout ce manége-ci
M'alarme, me déplaît, et, ma foi, j'en ai honte.
Y pensez-vous, monsieur? Quoi! Florise et Géronte
Nous comblent d'amitiés, de plaisirs et d'honneurs,
Et vous mandez sur eux quatre pages d'horreurs!
Valère, d'autre part, vous aime à la folie :
Il n'a d'autre défaut qu'un peu d'étourderie;
Et, grâce à vous, Géronte en va voir le portrait

ACTE II, SCÈNE I.

Comme d'un libertin et d'un colifichet.
Cela finira mal.

CLÉON.
Oh! tu prends au tragique
Un débat qui pour moi ne sera que comique;
Je me prépare ici de quoi me réjouir,
Et la meilleure scène, et le plus grand plaisir...
J'ai bien voulu pour eux quitter un temps la ville :
Ne point m'en amuser, serait être imbécile;
Un peu de bruit rendra ceci moins ennuyeux,
Et me paira du temps que je perds avec eux.
Valère à mon projet lui-même contribue :
C'est un de ces enfans dont la folle recrue
Dans les sociétés vient tomber tous les ans,
Et lasse tout le monde, excepté leurs parens.
Croirais-tu que sur moi tout son espoir se fonde?
Le hasard me l'a fait rencontrer dans le monde :
Ce petit étourdi s'est pris de goût pour moi,
Et me croit son ami, je ne sais pas pourquoi.
Avant que dans ces lieux je vinsse avec Florise,
J'avais tout arrangé pour qu'il eût Cidalise :
Elle a, pour la plupart, formé nos jeunes gens :
J'ai demandé pour lui quelques mois de son temps,
Soit que cette aventure, ou quelque autre l'engage...
Voulant absolument rompre son mariage,
Il m'a vingt fois écrit d'employer tous mes soins
Pour le faire manquer, ou l'éloigner du moins.
Parbleu! je vous le sers de la bonne manière.

FRONTIN.
Oui, vous voilà chargé d'une très-belle affaire!
CLÉON.
Mon projet était bien qu'il se tînt à Paris ;
C'est malgré mes conseils qu'il vient en ce pays.
Depuis long-temps, dit-il, il n'a point vu sa mère ;
Il compte, en lui parlant, gagner ce qu'il espère.
FRONTIN.
Mais vous, quel intérêt.... pourquoi vouloir aigrir
Des gens que pour toujours ce nœud doit réunir?
Et pourquoi seconder la bizarre entreprise,
D'un jeune écervelé qui fait une sottise?
CLÉON.
Quand je n'y trouverais que de quoi m'amuser,
Oh! c'est le droit des gens, et je veux en user.
Tout languit, tout est mort sans la tracasserie ;
C'est le ressort du monde, et l'âme de la vie ;
Bien fou qui là-dessus contraindrait ses désirs :
Les sots sont ici-bas pour nos menus plaisirs.
Mais un autre intérêt que la plaisanterie
Me détermine encore à cette brouillerie.
FRONTIN.
Comment donc! à Chloé songeriez-vous aussi?
Florise croit pourtant que vous n'êtes ici
Que pour son compte, au moins. Je pense que sa fille
Lui pèse horriblement, et la voir si gentille
L'afflige : je lui vois l'air sombre et soucieux
Lorsque vous regardez long-temps Chloé.

ACTE II, SCÈNE I.

CLÉON.

Tant mieux.
Elle ne me dit rien de cette jalousie !
Mais j'ai bien remarqué qu'elle en était remplie,
Et je la laisse aller.

FRONTIN.

C'est-à-dire, à peu-près,
Que Valère écarté sert à vos intérêts.
Mais je ne comprends pas quel dessein est le vôtre ;
Quoi ! Florise et Chloé ?...

CLÉON.

Moi ! ni l'une, ni l'autre.
Je n'agis ni par goût, ni par rivalité :
M'as-tu donc jamais vu dupe d'une beauté ?
Je sais trop les défauts, les retours qu'on nous cache ;
Toute femme m'amuse, aucune ne m'attache ;
Si par hasard aussi je me vois marié,
Je ne m'ennuirai point pour ma chère moitié :
Aimera qui pourra. Florise, cette folle
Dont je tourne à mon gré l'esprit faux et frivole,
Qui, malgré l'âge, encore a des prétentions,
Et me croit transporté de ses perfections,
Florise pense à moi. C'est pour notre avantage
Qu'elle veut de Chloé rompre le mariage,
Vu que l'oncle à la nièce assurant tout son bien,
S'il venait à mourir, Florise n'aurait rien.
Le point est d'empêcher qu'il ne se dessaisisse ;
Et je souhaite fort que cela réussisse :

Si nous pouvons parer cette donation,
Je ne répondrais pas d'une tentation
Sur cet hymen secret dont Florise me presse :
D'un bien considérable elle sera maîtresse,
Et je n'épouserais que sous condition
D'une très-bonne part dans la succession.
D'ailleurs Géronte m'aime : il se peut très-bien faire
Que son choix me regarde en renvoyant Valère ;
Et sur la fille alors arrêtant mon espoir,
Je laisserai la mère à qui voudra l'avoir.
Peut-être tout ceci n'est que vaines chimères.

FRONTIN.

Je le croirais assez.

CLÉON.

Aussi n'y tiens-je guères,
Et je ne m'en fais point un fort grand embarras :
Si rien ne réussit, je ne m'en pendrai pas.
Je puis avoir Chloé, je puis avoir Florise ;
Mais, quand je manquerais l'une et l'autre entreprise,
J'aurai, chemin faisant, les ayant conseillés,
Le plaisir d'être craint et de les voir brouillés.

FRONTIN.

Fort bien ! Mais si j'osais vous dire en confidence
Où cela va tout droit....

CLÉON.

Eh bien !

FRONTIN.

En conscience,

Cela vise à nous voir donner notre congé.
Déjà, vous le savez, et j'en suis affligé,
Pour vos maudits plaisirs on nous a pour la vie
Chassés de vingt maisons.
CLÉON.
Chassés ! quelle folie !
FRONTIN.
Oh ! c'est un mot pour l'autre, et puisqu'il faut choisir,
Point chassés, mais priés de ne plus revenir.
Comment n'aimez-vous pas un commerce plus stable ?
Avec tout votre esprit, et pouvant être aimable,
Ne prétendez-vous donc qu'au triste amusement
De vous faire haïr universellement ?
CLÉON.
Cela m'est fort égal : on me craint, on m'estime ;
C'est tout ce que je veux, et je tiens pour maxime
Que la plate amitié, dont on fait tant de cas,
Ne vaut pas les plaisirs des gens qu'on n'aime pas :
Être cité, mêlé dans toutes les querelles,
Les plaintes, les rapports, les histoires nouvelles,
Être craint à la fois et désiré partout,
Voilà ma destinée et mon unique goût.
Quant aux amis, crois-moi, ce vain nom qu'on se donne
Se prend chez tout le monde, et n'est vrai chez personne ;
J'en ai mille, et pas un. Veux-tu que, limité
Au petit cercle obscur d'une société,
J'aille m'ensevelir dans quelque coterie ?
Je vais où l'on me plaît, je pars quand on m'ennuie,

Je m'établis ailleurs, me moquant au surplus
D'être haï des gens chez qui je ne vais plus :
C'est ainsi qu'en ce lieu, si la chance varie,
Je compte planter là toute la compagnie.

FRONTIN.

Cela vous plaît à dire, et ne m'arrange pas :
De voir tout l'univers vous pouvez faire cas ;
Mais je suis las, monsieur, de cette vie errante :
Toujours visages neufs, cela m'impatiente ;
On ne peut, grâce à vous, conserver un ami ;
On est tantôt au nord, et tantôt au midi :
Quand je vous crois logé, j'y compte, je me lie
Aux femmes de madame, et je fais leur partie ;
J'ose même avancer que je vous fais honneur :
Point du tout, on vous chasse, et votre serviteur.
Je ne puis plus souffrir cette humeur vagabonde,
Et vous ferez tout seul le voyage du monde.
Moi, j'aime ici, j'y reste.

CLÉON.

     Et quels sont les appas,
L'heureux objet....?

FRONTIN.

    Parbleu ! ne vous en moquez pas :
Lisette vaut, je crois, la peine qu'on s'arrête ;
Et je veux l'épouser.

CLÉON.

  Tu serais assez bête

Pour te marier, toi! Ton amour, ton dessein,
N'ont pas le sens commun.

FRONTIN.

Il faut faire une fin;
Et ma vocation est d'épouser Lisette :
J'aimais assez Marton, et Nérine, et Finette,
Mais quinze jours chacune, ou toutes à la fois;
Mon amour le plus long n'a point passé le mois :
Mais ce n'est plus cela, tout autre amour m'ennuie;
Je suis fou de Lisette, et j'en ai pour la vie.

CLÉON.

Quoi! tu veux te mêler aussi de sentiment?

FRONTIN.

Comme un autre.

CLÉON.

Le fat! Aime moins tristement;
Pasquin, l'Olive, et cent d'amour aussi fidèle,
L'ont aimée avant toi, mais sans se charger d'elle :
Pourquoi veux-tu payer pour tes prédécesseurs?
Fais de même; aucun d'eux n'est mort de ses rigueurs.

FRONTIN.

Vous la connaissez mal, c'est une fille sage.

CLÉON.

Oui, comme elles le sont.

FRONTIN.

Oh! monsieur, ce langage
Nous brouillera tous deux.

CLÉON, *après un moment de silence.*

                      Eh bien ! écoute-moi.
Tu me conviens, je t'aime, et si l'on veut de toi,
J'emploirai tous mes soins pour t'unir à Lisette ;
Soit ici, soit ailleurs, c'est une affaire faite.

           FRONTIN.

Monsieur, vous m'enchantez.

           CLÉON.

                      Ne va point nous trahir.
Vois si Valère arrive, et reviens m'avertir.

SCÈNE II.

CLÉON, seul.

Frontin est amoureux ; je crains bien qu'il ne cause ;
Comment parer le risque où son amour m'expose ?
Mais si je lui donnais quelque commission
Pour Paris... Oui, vraiment, l'expédient est bon ;
J'aurai seul mon secret : et si, par aventure,
On sait que les billets sont de son écriture,
Je dirai que de lui je m'étais défié ;
Que c'était un coquin, et qu'il est renvoyé.

SCÈNE III.

FLORISE, CLÉON.

FLORISE.

Je vous cherche partout. Ce que prétend mon frère

Est-il vrai ? vous parlez, m'a-t-il dit, pour Valère :
Changeriez-vous d'avis ?

CLÉON.

Comment ! vous l'avez cru ?

FLORISE.

Mais il en est si plein, et si bien convaincu....

CLÉON.

Tant mieux. Malgré cela, soyez persuadée
Que tout ce beau projet ne sera qu'en idée,
Vous y pouvez compter, je vous réponds de tout :
En ne paraissant pas contrarier son goût,
J'en suis beaucoup plus maître ; et la bête est si bonne,
Soit dit sans vous fâcher....

FLORISE.

Ah ! je vous l'abandonne ;
Faites-en les honneurs : je me sens, entre nous,
Sa sœur on ne peut moins.

CLÉON.

Je pense comme vous :
La parenté m'excède ; et ces liens, ces chaînes
De gens dont on partage ou les torts, ou les peines,
Tout cela préjugés, misères du vieux temps ;
C'est pour le peuple enfin que sont faits les parens.
Vous avez de l'esprit, et votre fille est sotte ;
Vous avez pour surcroît un frère qui radote ;
Eh bien ! c'est leur affaire après tout : selon moi
Tous ces noms ne sont rien, chacun n'est que pour soi.

FLORISE.

Vous avez bien raison ; je vous dois le courage
Qui me soutient contre eux, contre ce mariage.
L'affaire presse au moins, il faut se décider :
Ariste nous arrive, il vient de le mander;
Et, par une façon des galans du vieux style,
Géronte sur la route attend l'autre imbécile ;
Il compte voir ce soir les articles signés.

CLÉON.

Et ce soir finira tout ce que vous craignez.
Premièrement, sans vous on ne peut rien conclure :
Il faudra, ce me semble, un peu de signature
De votre part; ainsi tout dépendra de vous :
Refusez de signer, grondez, et boudez-nous;
Car, pour me conserver toute sa confiance
Je serai contre vous moi-même en sa présence,
Et je me fâcherais, s'il en était besoin :
Mais nous l'emporterons sans prendre tout ce soin.
Il m'est venu d'ailleurs une assez bonne idée,
Et dont, faute de mieux, vous pouvez être aidée...
Mais non ; car ce serait un moyen un peu fort :
J'aime trop à vous voir vivre de bon accord.

FLORISE.

Oh! vous me le direz. Quel scrupule est le vôtre !
Quoi! ne pensons-nous pas tout haut l'un devant l'autre
Vous savez que mon goût tient plus à vous qu'à lui,
Et que vos seuls conseils sont ma règle aujourd'hui
Vous êtes honnête homme, et je n'ai point à craindre

ACTE II, SCÈNE III.

Que vous proposiez rien dont je puisse me plaindre ;
Ainsi, confiez-moi tout ce qui peut servir
A combattre Géronte, ainsi qu'à nous unir.

CLÉON.

Au fond je n'y vois pas de quoi faire un mystère....
Et c'est ce que de vous mérite votre frère.
Vous m'avez dit, je crois, que jamais sur les biens
On n'avait éclairci ni vos droits ni les siens,
Et que, vous assurant d'avoir son héritage,
Vous aviez au hasard réglé votre partage :
Vous savez à quel point il déteste un procès,
Et qu'il donne Chloé pour acheter la paix :
Cela fait contre lui la plus belle matière.
Des biens à répéter, des partages à faire ;
Vous voyez que voilà de quoi le mettre aux champs
En lui faisant prévoir un procès de dix ans.
S'il va donc s'obstiner, malgré vos répugnances,
A l'établissement qui rompt nos espérances,
Partons d'ici, plaidez ; une assignation
Détruira le projet de la donation.
Il ne peut pas souffrir d'être seul : vous partie,
On ne me verra point lui tenir compagnie ;
Et quant à vos procès, ou vous les gagnerez,
Ou vous plaiderez tant que vous l'achèverez.

FLORISE.

Contre les préjugés dont votre âme est exempte
La mienne, par malheur, n'est pas aussi puissante ;
Et je vous avoûrai mon imbécillité :

Je n'irais pas sans peine à cette extrémité.
Il m'a toujours aimée, et j'aimais à lui plaire;
Et, soit cette habitude ou quelque autre chimère,
Je ne puis me résoudre à le désespérer.
Mais votre idée au moins sur lui peut opérer;
Dites-lui qu'avec vous, paraissant fort aigrie,
J'ai parlé de procès, de biens, de brouillerie,
De départ; et qu'enfin, s'il me poussait à bout,
Vous avez entrevu que je suis prête à tout.

CLÉON.

S'il s'obstine pourtant, quoi qu'on lui puisse dire....
On pourrait consulter pour le faire interdire,
Ne le laisser jouir que d'une pension :
Mon procureur fera cette expédition;
C'est un homme admirable, et qui, par son adresse,
Aurait fait renfermer les sept sages de Grèce,
S'il eût plaidé contre eux. S'il est quelque moyen
De vous faire passer ses droits et tout son bien,
L'affaire est immanquable; il ne faut qu'une lettre
De moi.

FLORISE.

Non, différez.... Je crains de me commettre :
Dites-lui seulement, s'il ne veut point céder,
Que je suis, malgré vous, résolue à plaider.
De l'humeur dont il est, je crois être bien sûre
Que sans mon agrément il craindra de conclure;
Et pour me ramener ne négligeant plus rien,
Vous le verrez finir par m'assurer son bien.

Au reste, vous savez pourquoi je le désire.

CLÉON.

Vous connaissez aussi le motif qui m'inspire,
Madame : ce n'est point du bien que je prétends,
Et mon goût seul pour vous fait mes engagemens :
Des amans du commun j'ignore le langage,
Et jamais la fadeur ne fut à mon usage ;
Mais je vous le redis tout naturellement,
Votre genre d'esprit me plaît infiniment ;
Et je ne sais que vous avec qui j'aie envie
De penser, de causer, et de passer ma vie ;
C'est un goût décidé.

FLORISE.

Puis-je m'en assurer ?
Et loin de tout ici pourrez-vous demeurer ?
Je ne sais : répandu, fêté comme vous l'êtes,
Je vois plus d'un obstacle aux projets que vous faites :
Peut-être votre goût vous a séduit d'abord ;
Mais tout Paris....

CLÉON.

Paris ! il m'ennuie à la mort ;
Et je ne vous fais pas un fort grand sacrifice
En m'éloignant d'un monde à qui je rends justice.
Tout ce qu'on est forcé d'y voir et d'endurer
Passe bien l'agrément qu'on y peut rencontrer :
Trouver à chaque pas des gens insupportables,
Des flatteurs, des valets, des plaisans détestables,
Des jeunes gens d'un ton, d'une stupidité !....

Des femmes d'un caprice et d'une fausseté !....
Des prétendus esprits souffrir la suffisance,
Et la grosse gaîté de l'épaisse opulence ;
Tant de petits talens où je n'ai pas de foi ;
Des réputations, on ne sait pas pourquoi ;
Des protégés si bas ! des protecteurs si bêtes !...
Des ouvrages vantés qui n'ont ni pieds ni têtes ;
Faire des soupers fins où l'on périt d'ennui ;
Veiller par air ; enfin se tuer pour autrui !
Franchement, des plaisirs, des biens de cette sorte,
Ne font pas, quand on pense, une chaîne bien forte :
Et, pour vous parler vrai, je trouve plus sensé
Un homme sans projets dans sa terre fixé,
Qui n'est ni complaisant, ni valet de personne,
Que tous ces gens brillans qu'on mange, qu'on friponne,
Qui, pour vivre à Paris avec l'air d'être heureux,
Au fond n'y sont pas moins ennuyés qu'ennuyeux.

FLORISE.

J'en reconnais grand nombre à ce portrait fidèle.

CLÉON.

Paris me fait pitié, lorsque je me rappelle
Tant d'illustres faquins, d'insectes freluquets....

FLORISE.

Votre estime, je crois, n'a pas fait plus de frais
Pour les femmes ?

CLÉON.

Pour vous je n'ai point de mystères ;
Et vous verrez ma liste avec les caractères :

J'aime l'ordre, et je garde une collection
De lettres dont je puis faire une édition.
Vous ne vous doutiez pas qu'on pût avoir Lesbie;
Vous verrez de sa prose. Il me vient une envie
Qui peut nous réjouir dans ces lieux écartés,
Et désoler là-bas bien des sociétés;
Je suis tenté, parbleu, d'écrire mes mémoires;
J'ai des traits merveilleux, mille bonnes histoires
Qu'on veut cacher....

FLORISE.
Cela sera délicieux.

CLÉON.
J'y ferai des portraits qui sauteront aux yeux.
Il m'en vient déjà vingt qui retiennent des places :
Vous y verrez Mélite avec toutes ses grâces;
Et ce que j'en dirai temperera l'amour
De nos petits messieurs qui rôdent alentour.
Sur l'aigre Céliante et la fade Uranie
Je compte bien aussi passer ma fantaisie.
Pour le petit Damis, et monsieur Dorilas,
Et certain plat seigneur, l'automate Alcidas,
Qui, glorieux et bas, se croit un personnage;
Tant d'autres importans, esprits du même étage;
Oh! fiez-vous à moi, je veux les célébrer
Si bien que de six mois ils n'osent se montrer.
Ce n'est pas sur leurs mœurs que je veux qu'on en cause;
Un vice, un déshonneur, font assez peu de chose,
Tout cela, dans le monde, est oublié bientôt :

Un ridicule reste, et c'est ce qu'il leur faut.
Qu'en dites-vous? cela peut faire un bruit du diable,
Une brochure unique, un ouvrage admirable,
Bien scandaleux, bien bon : le style n'y fait rien :
Pourvu qu'il soit méchant, il sera toujours bien.

FLORISE.

L'idée est excellente, et la vengeance est sûre.
Je vous prîrai d'y joindre avec quelque aventure
Une madame Orphise, à qui j'en dois d'ailleurs,
Et qui mérite bien quelques bonnes noirceurs;
Quoiqu'elle soit affreuse, elle se croit jolie,
Et de l'humilier j'ai la plus grande envie :
Je voudrais que déjà votre ouvrage fût fait.

CLÉON.

On peut toujours à compte envoyer son portrait,
Et dans trois jours d'ici désespérer la belle.

FLORISE.

Et comment?

CLÉON.

On peut faire une chanson sur elle;
Cela vaut mieux qu'un livre, et court tout l'univers.

FLORISE.

Oui, c'est très-bien pensé; mais faites-vous des vers?

CLÉON.

Qui n'en fait pas? est-il si mince coterie
Qui n'ait son bel-esprit, son plaisant, son génie,
Petits auteurs honteux, qui font, malgré les gens,

Des bouquets, des chansons et des vers innocens?
Oh! pour quelques couplets, fiez-vous à ma muse :
Si votre Orphise en meurt, vous plaire est mon excuse;
Tout ce qui vit n'est fait que pour nous réjouir,
Et se moquer du monde est tout l'art d'en jouir.
Ma foi, quand je parcours tout ce qui le compose,
Je ne trouve que nous qui valions quelque chose.

SCÈNE IV.

FRONTIN, FLORISE, CLÉON.

FRONTIN, un peu éloigné.

Monsieur, je voudrais bien....

CLÉON.   à Florise.

Attends.... Permettez-vous?...

FLORISE.

Veut-il vous parler seul?

FRONTIN

Mais, madame....

FLORISE.

Entre nous
Entière liberté. Frontin est impayable;
Il vous sert bien; je l'aime.

CLÉON, à Florise qui sort.

Il est assez bon diable,
Un peu bête....

SCÈNE V.

CLÉON, FRONTIN.

FRONTIN.

Ah! monsieur, ma réputation
Se passerait fort bien de votre caution;
De mon panégyrique épargnez-vous la peine.
Valère entrera-t-il?

CLÉON.

Je ne veux pas qu'il vienne.
Ne t'avais-je pas dit de venir m'avertir,
Que j'irais le trouver?

FRONTIN.

Il a voulu venir :
Je ne suis point garant de cette extravagance;
Il m'a suivi de loin, malgré ma remontrance,
Se croyant invisible, à ce que je conçois,
Parce qu'il a laissé sa chaise dans le bois.
Caché près de ces lieux, il attend qu'on l'appelle.

CLÉON.

Florise heureusement vient de rentrer chez elle.
Qu'il vienne. Observe tout pendant notre entretien.

SCÈNE VI.

CLÉON, seul.

L'affaire est en bon train, et tout ira fort bien

Après que j'aurai fait la leçon à Valère
Sur toute la maison, et sur l'art d'y déplaire :
Avec son ton, ses airs et sa frivolité,
Il n'est pas mal en fonds pour être détesté.
Une vieille franchise à ses talens s'oppose ;
Sans cela l'on pourrait en faire quelque chose.

SCÈNE VII.

VALÈRE, en habit de campagne; CLÉON.

VALÈRE, embrassant Cléon.

Eh ! bonjour, cher Cléon ; je suis comblé, ravi
De retrouver enfin mon plus fidèle ami.
Je suis au désespoir des soins dont vous accable
Ce mariage affreux : vous êtes adorable.
Comment reconnaîtrai-je ?....

CLÉON.

Ah ! point de complimens ;
Quand on peut être utile, et qu'on aime les gens,
On est payé d'avance... Hé bien ! quelles nouvelles
A Paris ?

VALÈRE.

Oh ! cent mille, et toutes des plus belles :
Paris est ravissant, et je crois que jamais
Les plaisirs n'ont été si nombreux, si parfaits,
Les talens plus féconds, les esprits plus aimables ;
Le goût fait chaque jour des progrès incroyables :

Chaque jour le génie et la diversité
Viennent nous enrichir de quelque nouveauté.

CLÉON.

Tout vous paraît charmant, c'est le sort de votre âge :
Quelqu'un pourtant m'écrit (et j'en crois son suffrage)
Que de tout ce qu'on voit on est fort ennuyé ;
Que les arts, les plaisirs, les esprits, font pitié ;
Qu'il ne nous reste plus que des superficies,
Des pointes, du jargon, de tristes facéties ;
Et qu'à force d'esprit et de petits talens
Dans peu nous pourrions bien n'avoir plus de bon sens.
Comment, vous qui voyez si bien les ridicules,
Ne m'en dites-vous rien? tenez-vous aux scrupules,
Toujours bon, toujours dupe?

VALÈRE.

Oh! non, en vérité ;
Mais c'est que je vois tout assez du bon côté :
Tout est colifichet, pompon et parodie :
Le monde, comme il est, me plaît à la folie.
Les belles tous les jours vous trompent, on leur rend :
On se prend, on se quitte assez publiquement ;
Les maris savent vivre, et sur rien ne contestent ;
Les hommes s'aiment tous ; les femmes se détestent
Mieux que jamais : enfin c'est un monde charmant,
Et Paris s'embellit délicieusement.

CLÉON.

Et Cidalise?

VALÈRE.

Mais...

CLÉON.

C'est une affaire faite?
Sans doute vous l'avez?... Quoi! la chose est secrète?

VALÈRE.

Mais cela fût-il vrai, le dirais-je?

CLÉON.

Partout;
Et ne point l'annoncer, c'est mal servir son goût.

VALÈRE.

Je m'en détacherais si je la croyais telle.
J'ai, je vous l'avoûrai, beaucoup de goût pour elle;
Et pour l'aimer toujours; si je m'en fais aimer,
J'observe ce qui peut me la faire estimer.

CLÉON, avec un grand éclat de rire.

Feu Céladon, si je crois, vous a légué son âme :
Il faudrait des six mois pour aimer une femme,
Selon vous; on perdrait son temps, la nouveauté,
Et le plaisir de faire une infidélité.
Laissez la bergerie, et, sans trop de franchise,
Soyez de votre siècle, ainsi que Cidalise :
Ayez-la, c'est d'abord ce que vous lui devez;
Et vous l'estimerez après, si vous pouvez.
Au reste, affichez tout. Quelle erreur est la vôtre !
Ce n'est qu'en se vantant de l'une qu'on a l'autre;
Et l'honneur d'enlever l'amant qu'une autre a pris
A nos gens du bel air met souvent tout leur prix.

VALÈRE.

Je vous en crois assez.... Hé bien ! mon mariage ?
Concevez-vous ma mère, et tout ce radotage ?

CLÉON.

N'en appréhendez rien. Mais, soit dit entre nous,
Je me reproche un peu ce que je fais pour vous ;
Car enfin si, voulant prouver que je vous aime,
J'aide à vous nuire, et si vous vous trompez vous-même
En fuyant un parti peut-être avantageux ?

VALÈRE.

Eh ! non : vous me sauvez un ridicule affreux.
Que dirait-on de moi, si j'allais, à mon âge,
D'un ennuyeux mari jouer le personnage ?
Ou j'aurais une prude au ton triste, excédant,
Une bégueule enfin qui serait mon pédant ;
Ou si, pour mon malheur, ma femme était jolie,
Je serais le martyr de sa coquetterie.
Fuir Paris, ce serait m'égorger de ma main.
Quand je puis m'avancer et faire mon chemin,
Irais-je, accompagné d'une femme importune,
Me rouiller dans ma terre et borner ma fortune !
Ma foi, se marier, à moins qu'on ne soit vieux,
Fi ! cela me paraît ignoble, crapuleux.

CLEON.

Vous pensez juste.

VALÈRE.

A vous en est toute la gloire :
D'après vos sentimens je prévois mon histoire,

Si j'allais m'enchaîner; et je ne vous vois pas
Le plus petit scrupule à m'ôter d'embarras.

CLÉON.

Mais malheureusement on dit que votre mère
Par de mauvais conseils s'obstine à cette affaire :
Elle a chez elle un homme, ami de ces gens-ci,
Qui, dit-on, avec elle est assez bien aussi;
Un Ariste, un esprit d'assez grossière étoffe;
C'est une espèce d'ours qui se croit philosophe :
Le connaissez-vous?

VALÈRE.

Non; je ne l'ai jamais vu;
Chez moi depuis six ans je ne suis pas venu :
Ma mère m'a mandé que c'est un homme sage,
Fixé depuis long-temps dans notre voisinage;
Que c'était son ami, son conseil aujourd'hui,
Et qu'elle prétendait me lier avec lui.

CLÉON.

Je ne vous dirai pas tout ce qu'on en raconte;
Il vous suffit qu'elle est aveugle sur son compte :
Mais moi, qui vois pour vous les choses de sang-froid,
Au fond je ne puis croire Ariste un homme droit :
Géronte est son ami, cela depuis l'enfance...

VALÈRE.

A mes dépens peut-être ils sont d'intelligence?

CLÉON.

Cela m'en a tout l'air.

VALÈRE.
               J'aime mieux un procès :
J'ai des amis là-bas, je suis sûr du succès.
          CLÉON.
Quoique je sois ici l'ami de la famille,
Je dois vous parler franc : à moins d'aimer leur fille,
Je ne vois pas pourquoi vous vous empresseriez
Pour pareille alliance : on dit que vous l'aimiez
Quand vous étiez ici ?
          VALÈRE.
                   Mais assez, ce me semble :
Nous étions élevés, accoutumés ensemble ;
Je la trouvais gentille, elle me plaisait fort :
Mais Paris guérit tout, et les absens ont tort.
On m'a mandé souvent qu'elle était embellie ;
Comment la trouvez-vous ?
          CLÉON.
                     Ni laide ni jolie ;
C'est un de ces minois que l'on a vus partout,
Et dont on ne dit rien.
          VALÈRE.
               J'en crois fort votre goût.
          CLÉON.
Quant à l'esprit, néant ; il n'a pas pris la peine
Jusqu'ici de paraître, et je doute qu'il vienne :
Ce qu'on voit à travers son petit air boudeur,
C'est qu'elle sera fausse, et qu'elle a de l'humeur :
On la croit une Aguès ; mais comme elle a l'usage

De sourire à des traits un peu forts pour son âge,
Je la crois avancée, et, sans trop me vanter,
Si je m'étais donné la peine de tenter...
Enfin, si je n'ai pas suivi cette conquête,
La faute en est aux dieux qui la firent si bête.

VALÈRE.

Assurément Chloé serait une beauté,
Que sur ce portrait-là j'en serais peu tenté.
Allons, je vais partir, et comptez que j'espère
Dans deux heures d'ici désabuser ma mère :
Je laisse en bonnes mains....

CLÉON.

Non, il vous faut rester.

VALÈRE.

Mais comment! voulez-vous ici me présenter?

CLÉON.

Non pas dans le moment, dans une heure.

VALÈRE.

A votre aise.

CLÉON.

Il faut que vous alliez retrouver votre chaise :
Dans l'instant que Géronte ici sera rentré
(Car c'est lui qu'il nous faut), je vous le manderai;
Et vous arriverez par la route ordinaire,
Comme ayant prétendu nous surprendre et nous plaire.

VALÈRE.

Comment concilier cet air impatient,
Cette galanterie avec mon compliment?

C'est se moquer de l'oncle, et c'est me contredire :
Toute mon ambassade est réduite à lui dire
Que je serai (soit dit dans le plus simple aveu)
Toujours son serviteur, et jamais son neveu.

CLÉON.

Et voilà justement ce qu'il ne faut pas faire ;
Ce ton d'autorité choquerait votre mère :
Il faut dans vos propos paraître consentir,
Et tâcher, d'autre part, de ne point réussir.
Écoutez : conservons toutes les vraisemblances ;
On ne doit se lâcher sur les impertinences
Que selon le besoin, selon l'esprit des gens ;
Il faut, pour les mener, les prendre dans leur sens :
L'important est d'abord que l'oncle vous déteste ;
Si vous y parvenez, je vous réponds du reste.
Or, notre oncle est un sot qui croit avoir reçu
Toute sa part d'esprit en bon sens prétendu ;
De tout usage antique amateur idolâtre,
De toutes nouveautés frondeur opiniâtre ;
Homme d'un autre siècle, et ne suivant en tout
Pour ton qu'un vieil honneur, pour loi que le vieux goût ;
Cerveau des plus bornés, qui, tenant pour maxime
Qu'un seigneur de paroisse est un être sublime,
Vous entretient sans cesse avec stupidité
De son banc, de ses soins et de sa dignité :
On n'imagine pas combien il se respecte ;
Ivre de son château, dont il est l'architecte,
De tout ce qu'il a fait sottement entêté,

Possédé du démon de la propriété,
Il règlera pour vous son penchant ou sa haine
Sur l'air dont vous prendrez tout son petit domaine.
D'abord, en arrivant, il faut vous préparer
A le suivre partout, tout voir, tout admirer,
Son parc, son potager, ses bois, son avenue;
Il ne vous fera pas grâce d'une laitue.
Vous, au lieu d'approuver, trouvant tout fort commun,
Vous ne lui paraîtrez qu'un fat très-importun,
Un petit raisonneur, ignorant, indocile;
Peut-être ira-t-il même à vous croire imbécile.

VALÈRE.

Oh! vous êtes charmant... Mais n'aurais-je point tort?
J'ai de la répugnance à le choquer si fort.

CLÉON.

Eh bien!.... mariez-vous.... Ce que je viens de dire
N'était que pour forcer Géronte à se dédire,
Comme vous désiriez : moi, je n'exige rien;
Tout ce que vous ferez sera toujours très-bien;
Ne consultez que vous.

VALÈRE.

    Écoutez-moi, de grâce;
Je cherche à m'éclairer.

CLÉON.

    Mais tout vous embarrasse,
Et vous ne savez point prendre votre parti.
Je n'approuverais pas ce début étourdi
Si vous aviez affaire à quelqu'un d'estimable,

Dont la vue exigeât un maintien raisonnable ;
Mais avec un vieux fou dont on peut se moquer,
J'avais imaginé qu'on pouvait tout risquer,
Et que, pour vos projets, il fallait sans scrupule
Traiter légèrement un vieillard ridicule.

VALÈRE.

Soit.... Il a la fureur de me croire à son gré :
Mais, fiez-vous à moi, je l'en détacherai.

SCÈNE VIII.

FRONTIN, CLÉON, VALÈRE.

FRONTIN.

Monsieur, j'entends du bruit, et je crains qu'on ne vienne.

CLÉON.

Ne perdez point de temps ; que Frontin vous remène.

SCÈNE IX.

CLÉON, seul.

Maintenant éloignons Frontin, et qu'à Paris
Il porte le mémoire où je demande avis
Sur l'interdiction de cet ennuyeux frère.
Florise s'en défend ; son faible caractère
Ne sait point embrasser un parti courageux :
Embarquons-la si bien, qu'amenée où je veux
Mon projet soit pour elle un parti nécessaire.

ACTE II, SCÈNE IX.

Je ne sais si je dois trop compter sur Valère....
Il pourrait bien manquer de résolution,
Et je veux appuyer son expédition :
C'est un fat subalterne ; il est né trop timide :
On ne va point au grand si l'on n'est intrépide.

FIN DU SECOND ACTE.

ACTE TROISIÈME.

SCÈNE I.

CHLOÉ, LISETTE.

CHLOÉ.

Oui, je te le répète, oui, c'est lui que j'ai vu ;
Mieux encor que mes yeux mon cœur l'a reconnu :
C'est Valère lui-même. Et pourquoi ce mystère ?
Venir sans demander mon oncle ni ma mère,
Sans marquer pour me voir le moindre empressement!
Ce procédé m'annonce un affreux changement.

LISETTE.

Eh! non, ce n'est pas lui ; vous vous serez trompée.

CHLOÉ.

Non, crois-moi ; de ses traits je suis trop occupée
Pour pouvoir m'y tromper, et nul autre sur moi
N'aurait jamais produit le trouble où je me voi :
Si tu le connaissais, si tu pouvais m'entendre,
Ah! tu saurais trop bien qu'on ne peut s'y méprendre ;
Que rien ne lui ressemble, et que ce sont des traits
Qu'avec d'autres, Lisette, on ne confond jamais.
Le doux saisissement d'une joie imprévue,
Tous les plaisirs du cœur, m'ont remplie à sa vue :

ACTE III, SCÈNE I.

J'ai voulu l'appeler, je l'aurais dû, je crois ;
Mes transports m'ont ôté l'usage de la voix ;
Il était déjà loin.... Mais dis-tu vrai, Lisette ?
Quoi ! Frontin....

LISETTE.

        Il me tient l'aventure secrète ;
Son maître l'attendait, et je n'ai pu savoir....

CHLOÉ.

Informe-toi d'ailleurs : d'autres auront pu voir ;
Demande à tout le monde.... Eh ! va donc.

LISETTE.

                          Patience.
Du zèle n'est pas tout, il faut de la prudence ;
N'allons pas nous jeter dans d'autres embarras ;
Raisonnons : c'est Valère, ou bien ce ne l'est pas :
Si c'est lui, dans la règle il faut qu'il vous prévienne ;
Et si ce ne l'est pas, ma course serait vaine ;
On le saurait ; Cléon, dans ses jeux innocens,
Dirait que nous courons après tous les passans :
Ainsi, tout bien pesé, le plus sûr est d'attendre
Le retour de Frontin, dont je veux tout apprendre...
Serait-ce bien Valère ?.... Eh ! mais, en vérité,
Je commence à le croire.... Il l'aura consulté :
De quelque bon conseil cette fuite est l'ouvrage.
Oui, brouiller des parens le jour d'un mariage,
Pour prélude, chasser l'époux de la maison,
L'histoire est toute simple, et digne de Cléon :
Plus le trait serait noir, plus il est vraisemblable.

LE MÉCHANT.

CHLOÉ.

Il faudrait que ce fût un homme abominable :
Tes soupçons vont trop loin. Qu'ai-je fait contre lui ?
Et pourquoi voudrait-il m'affliger aujourd'hui ?
Peut-il être des cœurs assez noirs pour se plaire
A faire ainsi du mal pour le plaisir d'en faire ?
Mais toi-même pourquoi soupçonner cette horreur ?
Je te vois lui parler avec tant de douceur !

LISETTE.

Vraiment, pour mon projet, il ne faut pas qu'il sache
Le fonds d'aversion qu'avec soin je lui cache.
Souvent il m'interroge, et du ton le plus doux
Je flatte les desseins qu'il a, je crois, sur vous :
Il imagine avoir toute ma confiance,
Il me croit sans ombrage et sans expérience ;
Il en sera la dupe : allez, ne craignez rien ;
Géronte amène Ariste, et j'en augure bien.
Les desseins de Cléon ne nuiront point aux nôtres :
J'ai vu ces gens si fins plus attrapés que d'autres ;
On l'emporte souvent sur la duplicité
En allant son chemin avec simplicité,
Et....

FRONTIN, derrière le théâtre.

Lisette !

LISETTE, à Chloé.

Rentrez ; c'est Frontin qui m'appelle.

SCÈNE II.

FRONTIN, LISETTE.

FRONTIN, sans voir Lisette.

Parbleu, je vais lui dire une belle nouvelle !
On est bien malheureux d'être né pour servir :
Travailler, ce n'est rien : mais toujours obéir !

LISETTE.

Comment ! ce n'est que vous ? Moi, je cherchais Ariste

FRONTIN.

Tiens, Lisette, finis, ne me rends pas plus triste ;
J'ai déjà trop ici de sujet d'enrager,
Sans que ton air fâché vienne encor m'affliger.
Il m'envoie à Paris, que dis-tu du message ?

LISETTE.

Rien.

FRONTIN.

Comment, rien ! un mot, pour le moins.

LISETTE.

Bon voyage :
Partez, ou demeurez, cela m'est fort égal.

FRONTIN.

Comment as-tu le cœur de me traiter si mal ?
Je n'y puis plus tenir, ta gravité me tue ;
Il ne tiendra qu'à moi, si cela continue,
Oui.... de mourir.

LE MÉCHANT.

LISETTE.

Mourez.

FRONTIN

Pour t'avoir résisté
Sur celui qui tantôt s'est ici présenté....
Pour n'avoir pas voulu dire ce que j'ignore....

LISETTE.

Vous le savez très-bien, je le répète encore :
Vous aimez les secrets ; moi, chacun a son goût,
Je ne veux point d'amant qui ne me dise tout.

FRONTIN.

Ah ! comment accorder mon honneur et Lisette ?
Si je te le disais ?

LISETTE.

Oh ! la paix serait faite,
Et pour nous marier tu n'aurais qu'à vouloir.

FRONTIN.

Eh bien ! l'homme qu'ici vous ne deviez pas voir
Était un inconnu.... dont je ne sais pas l'âge....
Qui, pour nous consulter sur certain mariage
D'une fille.... non, veuve.... ou les deux.... Au surplus
Tout va bien.... M'entends-tu ?

LISETTE.

Moi ? non.

FRONTIN.

Ni moi non plus.
Si bien que pour cacher et l'homme et l'aventure....

ACTE III, SCÈNE II.

LISETTE.

As-tu dit? A quoi bon te donner la torture?
Va, mon pauvre Frontin, tu ne sais pas mentir;
Et je t'en aime mieux; moi, pour te secourir,
Et ménager l'honneur que tu mets à te taire,
Je dirai, si tu veux, qui c'était.

FRONTIN.

Qui?

LISETTE.

Valère.
Il ne faut pas rougir, ni tant me regarder.

FRONTIN.

Hé bien! si tu le sais, pourquoi le demander?

LISETTE.

Comme je n'aime pas les demi-confidences,
Il faudra m'éclaircir de tout ce que tu penses
De l'apparition de Valère en ces lieux,
Et m'apprendre pourquoi cet air mystérieux.
Mais je n'ai pas le temps d'en dire davantage;
Voici mon dernier mot: je défends ton voyage;
Tu m'aimes, obéis: si tu pars, dès demain
Toute promesse est nulle, et j'épouse Pasquin.

FRONTIN.

Mais....

LISETTE.

Point de mais... On vient. Va, fais croire à ton maître
Que tu pars, nous saurons te faire disparaître.

SCÈNE III.

ARISTE, GÉRONTE, CLÉON, LISETTE.

GÉRONTE.

Que fait donc ta maîtresse? Où chercher maintenant?
Je cours.... j'appelle....

LISETTE.

Elle est dans son appartement.

GÉRONTE.

Cela peut être; mais elle ne répond guère.

LISETTE.

Monsieur, elle a si mal passé la nuit dernière....

GÉRONTE.

Oh! parbleu! tout ceci commence à m'ennuyer :
Je suis las des humeurs qu'il me faut essuyer;
Comment! on ne peut plus être un seul jour tranquille!
Je vois bien qu'elle boude, et je connais son style;
Oh bien! moi, les boudeurs sont mon aversion,
Et je n'en veux jamais souffrir dans ma maison :
A mon exemple ici je prétends qu'on en use;
Je tâche d'amuser, et je veux qu'on m'amuse.
Sans cesse de l'aigreur, des scènes, des refus,
Et des maux éternels, auxquels je ne crois plus!
Cela m'excède enfin. Je veux que tout le monde
Se porte bien chez moi, que personne n'y gronde,
Et qu'avec moi chacun aime à se réjouir;
Ceux qui s'y trouvent mal, ma foi, peuvent partir.

ACTE III, SCÈNE III.

ARISTE.

Florise a de l'esprit : avec cet avantage
On a de la ressource ; et je crois bien plus sage
Que vous la rameniez par raison, par douceur,
Que d'aller opposer la colère à l'humeur :
Ces nuages légers se dissipent d'eux-mêmes :
D'ailleurs, je ne suis point pour les partis extrêmes.
Vous vous aimez tous deux.

GÉRONTE.

          Et qu'en pense Cléon?

CLÉON.

Que vous n'avez pas tort, et qu'Ariste a raison.

GÉRONTE.

Mais encor, quel conseil....

CLÉON.

            Que voulez-vous qu'on dise ?
Vous savez mieux que nous comment mener Florise :
S'il faut se déclarer pourtant de bonne foi,
Je voudrais, comme vous, être maître chez moi.
D'autre part, se brouiller.... A propos de querelle,
Il faut que je vous parle : en causant avec elle,
Je crois avoir surpris un projet dangereux,
Et que je vous dirai pour le bien de tous deux,
Car vous voir bien ensemble est ce que je désire.

GÉRONTE.

Allons : chemin faisant, vous pourrez me le dire.
Je vais la retrouver : venez-y ; je verrai,

Quand vous m'aurez parlé, ce que je lui dirai.
Ariste, permettez qu'un moment je vous quitte.
Je vais avec Cléon voir ce qu'elle médite,
Et la déterminer à vous bien recevoir;
Car, de façon ou d'autre.... Enfin nous allons voir.

SCÈNE IV.

ARISTE, LISETTE.

LISETTE.

Ah! que votre retour nous était nécessaire,
Monsieur! vous seul pouvez rétablir cette affaire :
Elle tourne au plus mal; et si votre crédit
Ne détrompe Géronte, et ne nous garantit,
Cléon va perdre tout.

ARISTE.

     Que veux-tu que je fasse?
Géronte n'entend rien : ce que je vois me passe :
J'ai beau citer des faits, et lui parler raison,
Il ne croit rien, il est aveugle sur Cléon.
J'ai pourtant tout espoir dans une conjoncture
Qui le détromperait, si la chose était sûre;
Il s'agit de soupçons, que je puis voir détruits :
Comme je crois le mal le plus tard que je puis,
Je n'ai rien dit encor; mais aux yeux de Géronte
Je démasque le traître et le couvre de honte,
Si je puis avérer le tour le plus sanglant
Dont je l'ai soupçonné, grâces à son talent.

ACTE III, SCÈNE IV.

LISETTE.

Le soupçonner! comment! c'est là que vous en êtes?
Ma foi, c'est trop d'honneur, monsieur, que vous lui faites :
Croyez d'avance, et tout.

ARISTE.

Il s'en est peu fallu
Que pour ce mariage on ne m'ait pas revu.
Sans toutes mes raisons, qui l'ont bien ramenée,
La mère de Valère était déterminée
A les remercier.

LISETTE.

Pourquoi?

ARISTE.

C'est une horreur
Dont je veux dévoiler et confondre l'auteur ;
Et tu m'y serviras.

LISETTE.

A propos de Valère,
Où croyez-vous qu'il soit?

ARISTE.

Peut-être chez sa mère
Au moment où j'en parle ; à toute heure on l'attend.

LISETTE.

Bon! il est ici.

ARISTE.

Lui?

LISETTE.

Lui ; le fait est constant.

ARISTE.

Mais quelle étourderie!

LISETTE.

Oh! toutes ses mesures
Semblaient, pour le cacher, bien prises et bien sûres :
Il n'a vu que Cléon ; et, l'oracle entendu,
Dans le bois près d'ici Valère s'est perdu,
Et je l'y crois encor : comptez que c'est lui-même,
Je le sais de Frontin.

ARISTE.

Quel embarras extrême!
Que faire? l'aller voir, on saurait tout ici :
Lui mander mes conseils est le meilleur parti.
Donne-moi ce qu'il faut : hâte-toi, que j'écrive.

LISETTE.
J'y vais.... J'entends, je crois, quelqu'un qui nous arrive.

SCÈNE V.

ARISTE, seul.

Ce voyage insensé, d'accord avec Cléon,
Sur la lettre anonyme augmente mon soupçon :
La noirceur masque en vain les poisons qu'elle verse,
Tout se sait tôt ou tard, et la vérité perce :
Par eux-mêmes souvent les méchans sont trahis.

SCÈNE VI.

VALÈRE, ARISTE.

VALÈRE.

Ah ! les affreux chemins, et le maudit pays !
à Ariste.
Mais, de grâce, monsieur, voulez-vous bien m'apprendre
Où je puis voir Géronte ?

ARISTE.

Il serait mieux d'attendre :
En ce moment, monsieur, il est fort occupé.

VALÈRE.

Et Florise ? On viendrait, ou je suis bien trompé :
L'étiquette du lieu serait un peu légère ;
Et quand un gendre arrive, on n'a point d'autre affaire.

ARISTE.

Quoi ! vous êtes....

VALÈRE.

Valère.

ARISTE.

Eh quoi ! surprendre ainsi !
Votre mère voulait vous présenter ici,
A ce qu'on m'a dit.

VALÈRE.

Bon ! vieille cérémonie :
D'ailleurs, je sais très-bien que l'affaire est finie,
Ariste a décidé.... Cet Ariste, dit-on,

Est aujourd'hui chez moi maître de la maison :
On suit aveuglément tous les conseils qu'il donne :
Ma mère est, par malheur, fort crédule, trop bonne.

ARISTE.

Sur l'amitié d'Ariste, et sur sa bonne foi....

VALÈRE.

Oh ! cela....

ARISTE.

Doucement, cet Ariste, c'est moi.

VALÈRE.

Ah ! monsieur....

ARISTE.

Ce n'est point sur ce qui me regarde
Que je me plains des traits que votre erreur hasarde ;
Ne me connaissant point, ne pouvant me juger,
Vous ne m'offensez pas : mais je dois m'affliger
Du ton dont vous parlez d'une mère estimable,
Qui vous croit de l'esprit, un caractère aimable ;
Qui veut votre bonheur : voilà ses seuls défauts.
Si votre cœur au fond ressemble à vos propos....

VALÈRE.

Vous me faites ici les honneurs de ma mère,
Je ne sais pas pourquoi : son amitié m'est chère ;
Le hasard vous a fait prendre mal mes discours,
Mais mon cœur la respecte, et l'aimera toujours.

ARISTE.

Valère, vous voilà ; ce langage est le vôtre :
Oui, le bien vous est propre ; et le mal est d'un autre.

ACTE III, SCÈNE VI.

VALÈRE, à part.
(Haut.)
Oh! voici les sermons, l'ennui...! Mais, s'il vous plaît,
Ne ferions-nous pas bien d'aller voir où l'on est?
Il convient....

ARISTE.
Un moment : si l'amitié sincère
M'autorise à parler au nom de votre mère,
De grâce, expliquez-moi ce voyage secret
Qu'aujourd'hui même ici vous avez déjà fait.

VALÈRE.
Vous savez....?

ARISTE.
Je le sais.

VALÈRE.
Ce n'est point un mystère
Bien merveilleux; j'avais à parler d'une affaire
Qui regarde Cléon, et m'intéresse fort;
J'ai voulu librement l'entretenir d'abord,
Sans être interrompu par la mère et la fille,
Et nous voir assiégés de toute une famille :
Comme il est mon ami....

ARISTE.
Lui?

VALÈRE.
Mais assurément.

ARISTE.
Vous osez l'avouer?

VALÈRE.

Ah! très-parfaitement :
C'est un homme d'esprit, de bonne compagnie ;
Et je suis son ami de cœur et pour la vie.
Oh! ne l'est pas qui veut.

ARISTE.

Et si l'on vous montrait
Que vous le haïrez ?

VALÈRE.

On serait bien adroit.

ARISTE.

Si l'on vous faisait voir que ce bon air, ces grâces
Ce clinquant de l'esprit, ces trompeuses surfaces,
Cachent un homme affreux qui veut vous égarer,
Et que l'on ne peut voir sans se déshonorer?

VALÈRE.

C'est juger par des bruits de pédans, de commères.

ARISTE.

Non, par la voix publique; elle ne trompe guères.
Géronte peut venir, et je n'ai pas le temps
De vous instruire ici de tous mes sentimens :
Mais il faut sur Cléon que je vous entretienne ;
Après quoi choisissez son commerce ou sa haine.
Je sens que je vous lasse, et je m'aperçois bien
A vos distractions, que vous ne croyez rien :
Mais, malgré vos mépris, votre bien seul m'occupe ;
Il serait odieux que vous fussiez sa dupe.

L'unique grâce encor qu'attend mon amitié,
C'est que vous n'alliez point paraître si lié
Avec lui : vous verrez avec trop d'évidence
Que je n'exigeais pas une vaine prudence.
Quant au ton dont il faut ici vous présenter,
Rien, je crois, là-dessus ne doit m'inquiéter :
Vous avez de l'esprit, un heureux caractère,
De l'usage du monde, et je crois que, pour plaire,
Vous tiendrez plus de vous que des leçons d'autrui.
Géronte vient; allons....

SCÈNE VII.

GÉRONTE, ARISTE, VALÈRE.

GÉRONTE, d'un air fort empressé.

      Eh! vraiment oui, c'est lui.
Bonjour, mon cher enfant... Viens donc que je t'embrasse.
      (A Ariste.)
Comme le voilà grand!.... Ma foi, cela nous chasse.

VALÈRE.

Monsieur, en vérité....

GÉRONTE.

     Parbleu! je l'ai vu là,
Je m'en souviens toujours, pas plus haut que cela
C'était hier, je crois.... Comme passe notre âge!
Mais te voilà vraiment un grave personnage.
 (A Ariste.)
Vous voyez qu'avec lui j'en use sans façon;

C'est tout comme autrefois, je n'ai pas d'autre ton.
VALÈRE.
Monsieur, c'est trop d'honneur...
GÉRONTE.
Oh! non pas, je te prie;
N'apporte point ici l'air de cérémonie :
Regarde-toi déjà comme de la maison.
   (A Ariste.)
A propos, nous comptons qu'elle entendra raison.
Oh! j'ai fait un beau bruit! C'est bien moi qu'on étonne!
La menace est plaisante! Ah! je ne crains personne.
Je ne la croyais point capable de cela ;
Mais je commence à voir que tout s'apaisera,
Et que ma fermeté remettra sa cervelle.
Vous pouvez maintenant vous présenter chez elle :
Dites bien que je veux terminer aujourd'hui ;
Je vais renouveler connaissance avec lui.
Allez, si l'on ne peut la résoudre à descendre,
J'irai dans un moment lui présenter son gendre.

SCÈNE VIII.

GÉRONTE, VALÈRE.

GÉRONTE.

Eh bien, es-tu toujours vif, joyeux, amusant?
Tu nous réjouissais.
VALÈRE.
Oh! j'étais fort plaisant.

ACTE III, SCÈNE VIII.

GÉRONTE.

Tu peux de cet air grave avec moi te défaire :
Je t'aime comme un fils, et tu dois....

VALÈRE, à part.

Comment faire ?
Son amitié me touche.

GÉRONTE, à part.

Il paraît bien distrait.
Eh bien ?....

VALÈRE.

Assurément, monsieur.... j'ai tout sujet
De chérir les bontés....

GÉRONTE.

Non ; ce ton-là m'ennuie :
Je te l'ai déjà dit, point de cérémonie.

SCÈNE IX.

CLÉON, GÉRONTE, VALÈRE.

CLÉON.

Ne suis-je pas de trop ?

GÉRONTE.

Non, non, mon cher Cléon ;
Venez, et partagez ma satisfaction.

CLÉON.

Je ne pouvais trop tôt renouer connaissance
Avec monsieur.

VALÈRE.

J'avais la même impatience.

CLÉON, bas à Valère.

Comment va....?

VALÈRE, bas à Cléon.

Patience.

GÉRONTE, à Cléon.

Il est complimenteur ;
C'est un défaut.

CLÉON.

Sans doute ; il ne faut que le cœur.

GÉRONTE.

J'avais grande raison de prédire à ta mère
Que tu serais bien fait, noblement, sûr de plaire :
Je m'y connais, je sais beaucoup de bien de toi.
Des lettres de Paris et des gens que je croi....

VALÈRE.

On reçoit donc ici quelquefois des nouvelles ?
Les dernières, monsieur, les sait-on ?

GÉRONTE.

Qui sont-elles ?
Nous est-il arrivé quelque chose d'heureux ?
Car, quoique loin de tout, enterré dans ces lieux,
Je suis toujours sensible aux biens de ma patrie :
Hé bien ? voyons donc, qu'est-ce ? apprends-moi, je te prie...

VALÈRE, d'un ton précipité.

Julie a pris Damon, non qu'elle l'aime fort ;
Mais il avait Phryné, qu'elle hait à la mort.
Lisidor à la fin a quitté Doralise :
Elle est bien, mais, ma foi, d'une horrible bêtise :

ACTE III, SCÈNE IX.

Déjà depuis long-temps cela devait finir,
Et le pauvre garçon n'y pouvait plus tenir.

CLÉON, bas à Valère.

Très-bien; continuez.

VALÈRE.

J'oubliais de vous dire
Qu'on a fait des couplets sur Lucile et Delphire :
Lucile en est outrée, et ne se montre plus :
Mais Delphire a mieux pris son parti là-dessus;
On la trouve partout s'affichant de plus belle,
Et se moquant du ton, pourvu qu'on parle d'elle.
Lise a quitté le rouge, et l'on se dit tout bas
Qu'elle ferait bien mieux de quitter Licidas;
On prétend qu'il n'est pas compris dans la réforme,
Et qu'elle est seulement bégueule pour la forme.

GÉRONTE.

Quels diables de propos me tenez-vous donc là?

VALÈRE.

Quoi! vous ne saviez pas un mot de tout cela?
On n'en dit rien ici? l'ignorance profonde!
Mais c'est, en vérité, n'être pas de ce monde;
Vous n'avez donc, monsieur, aucune liaison?
Eh mais! où vivez-vous?

GÉRONTE.

Parbleu! dans ma maison,
M'embarrassant fort peu des intrigues frivoles
D'un tas de freluquets, d'une troupe de folles;

LE MÉCHANT.

Aux gens que je connais paisiblement borné.
Eh! que m'importe à moi si madame Phryné
Ou madame Lucile affichent leurs folies?
Je ne m'occupe point de telles minuties,
Et laisse aux gens oisifs tous ces menus propos,
Ces puérilités, la pâture des sots.

CLÉON, à Géronte.
(Bas à Valère.)
Vous avez bien raison... Courage.

GÉRONTE.

Cher Valère,
Nous avons, je le vois, la tête un peu légère,
Et je sens que Paris ne t'a pas mal gâté;
Mais nous te guérirons de la frivolité.
Ma nièce est raisonnable, et ton amour pour elle
Va rendre à ton esprit sa forme naturelle.

VALÈRE.

C'est moi, sans me flatter, qui vous corrigerai
De n'être au fait de rien, et je vous conterai....

GÉRONTE.

Je t'en dispense.

VALÈRE.

On peut vous rendre un homme aimable,
Mettre votre maison sur un ton convenable,
Vous donner l'air du monde au lieu des vieilles mœurs:
On ne vit qu'à Paris, et l'on végète ailleurs.

ACTE III, SCÈNE IX.

CLÉON, bas à Valère.
(Bas à Géronte.)

Ferme.... Il est singulier.

GÉRONTE.

Mais c'est de la folie.

Il faut qu'il ait....

VALÈRE.

La nièce est-elle encor jolie?

GÉRONTE.

Comment encor! Je crois qu'il a perdu l'esprit;
Elle est dans son printemps, chaque jour l'embellit.

VALÈRE.

Elle était assez bien.

CLÉON, bas à Géronte.

L'éloge est assez mince.

VALÈRE.

Elle avait de beaux yeux pour des yeux de province.

GÉRONTE.

Sais-tu que je commence à m'impatienter,
Et qu'avec nous ici c'est très-mal débuter?
Au lieu de témoigner l'ardeur de voir ma nièce,
Et d'en parler du ton qu'inspire la tendresse....

VALÈRE.

Vous voulez des fadeurs, de l'adoration?
Je ne me pique pas de belle passion.
Je l'aime... sensément.

GÉRONTE.

Comment donc?

VALÈRE.

Comme on aime...
Sans que la tête tourne.... Elle en fera de même :
Je réserve au contrat toute ma liberté ;
Nous vivrons bons amis chacun de son côté.

CLÉON, bas à Valère.

A merveille ! appuyez.

GÉRONTE.

Ce petit train de vie
Est tout-à-fait touchant, et donne grande envie...

VALÈRE.

Je veux d'abord....

GÉRONTE.

D'abord il faut changer de ton.

CLÉON, bas à Valère.

Dites, pour l'achever, du mal de la maison.

GÉRONTE.

Or écoute....

VALÈRE.

Attendez, il me vient une idée.
(Il se promène au fond du théâtre, regardant de côté et d'autre, sans écouter Géronte.)

GÉRONTE, à Cléon.

Quelle tête ! Oh ! ma foi, la noce est retardée :
Je ferais à ma nièce un fort joli présent !
Je lui veux un mari sensible, complaisant;
Et s'il veut l'obtenir (car je sens que je l'aime),
Il faut sur mes avis qu'il change son système.

ACTE III, SCÈNE IX.

Mais qu'examine-t-il ?

VALÈRE.

Pas mal.... Cette façon....

GÉRONTE.

Tu trouves bien, je crois, le goût de la maison ?
Elle est belle, en bon air ; enfin c'est mon ouvrage ;
Il faut bien embellir son petit ermitage :
J'ai de quoi te montrer pendant huit jours ici.
Mais quoi !

VALÈRE.

Je suis à vous.... En abattant ceci....

CLÉON, à Géronte.

Que parle-t-il d'abattre ?

VALÈRE.

Oh ! rien.

GÉRONTE.

Mais je l'espère.
Sachons ce qui l'occupe.... Est-ce donc un mystère ?

VALÈRE.

Non, c'est que je prenais quelques dimensions
Pour des ajustemens, des augmentations.

GÉRONTE.

En voici bien d'une autre ! Eh ! dis-moi, je te prie,
Te prennent-ils souvent tes accès de folie ?

VALÈRE.

Parlons raison, mon oncle ; oubliez un moment
Que vous avez tout fait, et point d'aveuglement :

Avouez, la maison est maussade, odieuse;
Je trouve tout ici d'une vieillesse affreuse :
Vous voyez....

GÉRONTE.

Que tu n'as qu'un babil importun,
De l'esprit, si l'on veut, mais pas le sens commun.

VALÈRE.

Oui.... vous avez raison; il serait inutile
D'ajuster, d'embellir....

GÉRONTE, à Cléon.

Il devient plus docile;
Il change de langage.

VALÈRE.

Écoutez, faisons mieux :
En me donnant Chloé, l'objet de tous mes vœux,
Vous lui donnez vos biens, la maison?

GÉRONTE.

C'est-à-dire
A ma mort.

VALÈRE.

Oui, vraiment, c'est tout ce qu'on désire,
Mon cher oncle : or voici mon projet sur cela :
Un bien qu'on doit avoir est comme un bien qu'on a :
La maison est à nous, on ne peut rien en faire;
Un jour je l'abattrais : donc il est nécessaire,
Pour jouir tout à l'heure et pour en voir la fin,
Qu'aujourd'hui marié, je bâtisse demain :

ACTE III, SCÈNE IX.

J'aurai soin....

GÉRONTE.

De partir : ce n'était pas la peine
De venir m'ennuyer.

CLÉON, bas à Géronte.

Sa folie est certaine.

GÉRONTE.

Et quant à vos beaux plans et vos dimensions,
Faites bâtir pour vous aux Petites-Maisons.

VALÈRE.

Parce que pour nos biens je prends quelques mesures,
Mon cher oncle se fâche et me dit des injures !

GÉRONTE.

Oui, va, je t'en réponds, ton cher oncle ! Oh ! parbleu !
La peste emporterait jusqu'au dernier neveu,
Je ne te prendrais pas pour rétablir l'espèce.

VALÈRE, à Cléon.

Par malheur j'ai du goût, l'air maussade me blesse ;
Et monsieur ne veut rien changer dans sa façon !
Sous prétexte qu'il est maître de la maison,
Il prétend....

GÉRONTE.

Je prétends n'avoir pas d'autre maître.

CLÉON.

Sans doute.

VALÈRE.

Mais, monsieur, je ne prétends pas l'être.

(A Cléon.)
Faites ici ma paix; je ferai ce qu'il faut....
Arrangez tout, je vais faire ma cour là-haut.

SCÈNE X.

GÉRONTE, CLÉON.

GÉRONTE.

A-t-on vu quelque part un fonds d'impertinence
De cette force-là?

CLÉON.
Si sur les apparences....

GÉRONTE.
Où diable preniez-vous qu'il avait de l'esprit?
C'est un original qui ne sait ce qu'il dit,
Un de ces merveilleux gâtés par des *caillettes*,
Ni goût, ni jugement, un tissu de sornettes,
Et monsieur celui-ci, madame celle-là :
Des riens, des airs, du vent, en trois mots le voilà.
Ma foi, sauf votre avis....

CLÉON.
Je m'en rapporte au vôtre;
Vous vous y connaissez tout aussi bien qu'un autre :
Prenez qu'on m'a surpris, et que je n'ai rien dit.
Après tout, je n'ai fait que rendre le récit
Des gens qu'il voit beaucoup; moi, qui ne le vois guère
Qu'en passant, j'ignorais le fond du caractère.

GÉRONTE.

Eh! sur parole ainsi ne louons point les gens :
Avant que de louer j'examine long-temps ;
Avant que de blâmer, même cérémonie :
Aussi connais-je bien mon monde ; et je défie,
Quand j'ai toisé mes gens, qu'on m'en impose en rien.
Autrefois j'ai tant vu, soit en mal, soit en bien,
De réputations contraires aux personnes,
Que je n'en admets plus ni mauvaises ni bonnes ;
Il faut y voir soi-même ; et, par exemple, vous,
Si je les en croyais, ne disent-ils pas tous
Que vous êtes méchant ; ce langage m'assomme :
Je vous ai bien suivi, je vous trouve bon homme.

CLÉON.

Vous avez dit le mot, et la méchanceté
N'est qu'un nom odieux par les sots inventé ;
C'est là, pour se venger, leur formule ordinaire :
Dès qu'on est au-dessus de leur petite sphère,
Que, de peur d'être absurde, on fronde leur avis,
Et qu'on ne rampe pas comme eux, fâchés, aigris,
Furieux contre vous, ne sachant que répondre,
Croyant qu'on les remarque, et qu'on veut les confondre :
Un tel est très-méchant, vous disent-ils tout bas ;
Et pourquoi ? c'est qu'un tel a l'esprit qu'ils n'ont pas.

(Un laquais arrive.)

GÉRONTE.

Eh bien, qu'est-ce ?

LE MÉCHANT.

LE LAQUAIS.

Monsieur, ce sont vos lettres.

GÉRONTE.

Donne.
Cela suffit.

(Le laquais sort.)

Voyons.... Ah! celle-ci m'étonne....
Quelle est cette écriture? Oui-dà! j'allais vraiment
Faire une belle affaire! Oh! je crois aisément
Tout ce qu'on dit de lui, la matière est féconde :
Je vois qu'il est encor des amis dans le monde.

CLÉON.

Que vous mande-t-on? Qui....?

GÉRONTE.

Je ne sais pas qui c'est :
Quelqu'un, sans se nommer, sans aucun intérêt....
Mais je ne sais s'il faut vous montrer cette lettre :
On parle mal de vous.

CLÉON.

De moi! Daignez permettre....

GÉRONTE.

C'est peu de chose, mais....

CLÉON.

Voyons : je ne veux pas
Que sur mes procédés vous ayez d'embarras,
Qu'il soit aucun soupçon, ni le moindre nuage.

GÉRONTE.

Ne craignez rien, sur vous je ne prends nul ombrage;

ACTE III, SCÈNE X.

Vous pensez comme moi sur ce plat freluquet;
Venez, vous allez voir l'éloge qu'on en fait.

CLÉON lit.

« J'apprends, Monsieur, que vous donnez votre
« nièce à Valère : vous ignorez apparemment que
« c'est un libertin dont les affaires sont très-déran-
« gées, et le courage fort suspect. Un ami de sa
« mère, dont on ne m'a pas dit le nom, s'est fait le
« médiateur de ce mariage, et vous sacrifie. Il m'est
« revenu aussi que Cléon est fort lié avec Valère :
« prenez garde que ses conseils ne vous embarquent
« dans une affaire qui ne peut que vous faire tort
« de toute façon. »

GÉRONTE.

Hé bien, qu'en dites-vous?

CLÉON.

Je dis, et je le pense,
Que c'est quelque noirceur sous l'air de confidence.
Pourquoi cacher son nom?
(Il déchire la lettre.)

GÉRONTE.

Comment! vous déchirez....!

CLÉON.

Oui.... Qu'en voulez-vous faire?

GÉRONTE.

Et vous conjecturez
Que c'est quelque ennemi, qu'on en veut à Valère?

CLÉON.

Mais je n'assure rien : dans toute cette affaire
Me voilà suspect, moi, puisqu'on me dit lié....

GÉRONTE.

Je ne crois pas un mot d'une telle amitié.

CLÉON.

Le mieux sera d'agir selon votre système ;
N'en croyez point autrui, jugez tout par vous-même.
Je veux croire qu'Ariste est honnête homme ; mais
Votre écrivain peut-être.... Enfin sachez les faits,
Sans humeur, sans parler de l'avis qu'on vous donne :
Soit calomnie ou non, la lettre est toujours bonne.
Quant à vos sûretés, rien encor n'est signé ;
Voyez, examinez....

GÉRONTE.
           Tout est examiné :
Je renverrai mon fat, et son affaire est faite.
Il vient.... proposez-lui de hâter sa retraite ;
Deux mots : je vous attends.

SCÈNE XI.

CLÉON, VALÈRE, d'un air rêveur.

CLÉON, fort vite, et à demi-voix.

                    Vous êtes trop heureux :
Géronte vous déteste ; il s'en va furieux.
Il m'attend, je ne puis vous parler davantage ;
Mais ne craignez plus rien sur votre mariage.

SCÈNE XII.

VALÈRE, seul.

Je ne sais ou j'en suis, ni ce que je résous.
Ah! qu'un premier amour a d'empire sur nous!
J'allais braver Chloé par mon étourderie :
La braver! j'aurais fait le malheur de ma vie;
Ses regards ont changé mon âme en un moment;
Je n'ai pu lui parler qu'avec saisissement.
Que j'étais pénétré! que je la trouve belle!
Que cet air de douceur et noble et naturelle
A bien renouvelé cet instinct enchanteur,
Ce sentiment si pur, le premier de mon cœur!
Ma conduite à mes yeux me pénètre de honte.
Pourrai-je réparer mes torts près de Géronte?
Il m'aimait autrefois; j'espère mon pardon.
Mais comment avouer mon amour à Cléon?
Moi sérieusement amoureux!... Il n'importe :
Qu'il m'en plaisante ou non, ma tendresse l'emporte
Je ne vois que Chloé.... Si j'avais pu prévoir....
Allons tout réparer : je suis au désespoir.

FIN DU TROSIÈME ACTE.

ACTE QUATRIÈME.

SCÈNE I.

CHLOÉ, LISETTE.

LISETTE.

Eh quoi ! mademoiselle, encor cette tristesse ?
Comptez sur moi, vous dis-je ; allons, point de faiblesse.
CHLOÉ.
Que les hommes sont faux ! et qu'ils savent, hélas !
Trop bien persuader ce qu'ils ne sentent pas !
Je n'aurais jamais cru l'apprendre par Valère :
Il revient, il me voit, il semblait vouloir plaire ;
Son trouble lui prêtait de nouveaux agrémens,
Ses yeux semblaient répondre à tous mes sentimens ;
Le croiras-tu, Lisette, et qu'y puis-je comprendre ?
Cet amant adoré que je croyais si tendre,
Oui, Valère, oubliant ma tendresse et sa foi,
Valère me méprise !... il parle mal de moi !
LISETTE.
Il en parle très-bien, je le sais, je vous jure.
CHLOÉ.
Je le tiens de mon oncle, et ma peine est trop sûre :
Tout est rompu ; je suis dans un chagrin mortel.

LE MÉCHANT. ACTE IV, SCÈNE I.

LISETTE.

Ouais! tout ceci me passe et n'est pas naturel;
Valère vous adore, et fait cette équipée!
Je vois là du Cléon, ou je suis bien trompée.
Mais il faut par vous-même entendre votre amant;
Je vous ménagerai cet éclaircissement
Sans que dans mon projet Florise nous dérange :
Ma foi, je lui prépare un tour assez étrange,
Qui l'occupera trop pour avoir l'œil sur vous.
Le moment est heureux. Tous les noms les plus doux
Ne reviennent-ils pas? c'est « Ma chère Lisette,
Mon enfant.... » On m'écoute, on me trouve parfaite :
Tantôt on ne pouvait me souffrir; à présent,
Vu que pour terminer Géronte est moins pressant,
Elle est d'une gaîté, d'une folie extrême.
Moi, je vais profiter de l'instant où l'on m'aime :
Dès qu'à tous ses propos Cléon aura mis fin,
« Il est délicieux, incroyable, divin, »
Cent autres petits mots qu'elle redit sans cesse....
Ces noms dureront peu, comptez sur ma promesse.
Géronte le demande; on le dit en fureur :
Mais je compte guérir le frère par la sœur.

CHLOÉ.

Eh! que fait Valère?

LISETTE.

Ah! j'oubliais de vous dire
Qu'il est à sa toilette, et cela doit détruire
Vos soupçons mal fondés; car vous concevez bien

Que s'il va se parer, ce soin n'est pas pour rien.
Ariste est avec lui, j'en tire bon augure.
Pour Valère et Cléon, quoique je sois bien sûre
Qu'ils se connaissent fort, ils s'évitent tous deux :
Serait-ce intelligence ou brouillerie entre eux ?
Je le démêlerai, quoiqu'il soit difficile....
Votre mère descend : allez, soyez tranquille.

SCÈNE II.
LISETTE, seule.

Moi, tout ceci me donne une peine, un tourment !...
N'importe, si mes soins tournent heureusement.
Mais que prétend Ariste ? et pour quelle aventure
Veut-il que je lui fasse avoir de l'écriture
De Frontin ? Comment faire ? Et puis d'ailleurs Frontin
Au plus signe son nom et n'est pas écrivain.

SCÈNE III.
FLORISE, LISETTE.

FLORISE.
Hé bien, Lisette ?

LISETTE.
Hé bien, madame ?

FLORISE.
Es-tu contente ?

LISETTE.
Mais, madame, pas trop : ce couvent m'épouvante.

ACTE IV, SCÈNE III.

FLORISE.

Pour y suivre Chloé, je destine Marton ;
Tu resteras ici. Je parlais de Cléon.
Dis-moi, n'en es-tu pas extrêmement contente ?
Ai-je tort de défendre un esprit qui m'enchante ?
J'ai bien vu tout à l'heure (et ton goût me plaisait)
Que tu t'amusais fort de tout ce qu'il disait :
Conviens qu'il est charmant ; et laisse, je te prie,
Tous les petits discours que fait tenir l'envie.

LISETTE.

Moi, madame ! eh, mon Dieu ! je n'aimerais rien tant
Que d'en croire du bien : vous pensez sensément ;
Et, si vous persistez à le juger de même,
Si vous l'aimez toujours, il faut bien que je l'aime.

FLORISE.

Ah ! tu l'aimeras donc : je te jure aujourd'hui
Que de tout l'univers je n'estime que lui :
Cléon a tous les dons, tous les esprits ensemble ;
Il est toujours nouveau : tout le reste me semble
D'une misère affreuse, ennuyeux à mourir ;
Et je rougis des gens qu'on me voyait souffrir.

LISETTE.

Vous avez bien raison : quand on a l'avantage
D'avoir mieux rencontré, le parti le plus sage
Est de s'y tenir ; mais...

FLORISE.
Quoi ?

LISETTE.
Rien.
FLORISE.
Je veux savoir....
LISETTE.
Non.
FLORISE.
Je l'exige.
LISETTE.
Eh bien !... j'ai cru m'apercevoir
Qu'il n'avait pas pour vous tout le goût qu'il vous marque :
Il me parle souvent, et souvent je remarque
Qu'il a, quand je vous loue, un air embarrassé :
Et sur certains discours si je l'avais poussé....
FLORISE.
Chimère ! il faut pourtant éclaircir ce nuage ;
Il est vrai que Chloé me donne quelque ombrage,
Et que c'est à dessein de l'éloigner de lui
Qu'à la mettre au couvent je m'apprête aujourd'hui :
Toi, fais causer Cléon, et que je puisse apprendre....
LISETTE.
Je voudrais qu'en secret vous vinssiez nous entendre ;
Vous ne m'en croiriez pas.
FLORISE.
Quelle folie !
LISETTE.
Oh ! non.
Il faut s'aider de tout dans un juste soupçon ;

ACTE IV, SCÈNE III.

Si ce n'est pas pour vous, que ce soit pour moi-même :
J'ai l'esprit défiant : vous voulez que je l'aime,
Et je ne puis l'aimer, comme je le prétends,
Que quand nous aurons fait l'épreuve où je l'attends.

FLORISE.

Mais comment ferions-nous ?

LISETTE.

                       Ah! rien n'est plus facile.
C'est avec moi tantôt que vous verrez son style ;
Faux ou vrai, bien ou mal, il s'expliquera là.
Vous avez vu souvent qu'au moment où l'on va
Se promener ensemble au bois, à la prairie,
Cléon ne part jamais avec la compagnie ;
Il reste à me parler, à me questionner :
Et de ce cabinet vous pourriez vous donner
Le plaisir de l'entendre appuyer ou détruire....

FLORISE.

Tout ce que tu voudras, je ne veux que m'instruire
Si Cléon pour ma fille a le goût que je croi :
Mais je ne puis penser qu'il parle mal de moi.

LISETTE.

Eh bien, c'est de ma part une galanterie ;
L'éloge des absens se fait sans flatterie :
Il faudra que sur vous, dans tout cet entretien,
Je dise un peu de mal, dont je ne pense rien,
Pour lui faire beau jeu.

FLORISE.

                je te le passe encore.

LISETTE.
S'il trompe mon attente, oh! ma foi, je l'adore.
####### FLORISE, voyant venir Ariste et Valère.
Encor monsieur Ariste avec son protégé!
Je voudrais bien tous deux qu'ils prissent leur congé;
Mais ils ne sentent rien, laissons-les.

SCÈNE IV.
ARISTE, VALÈRE, paré.
VALÈRE.
        On m'évite;
O Ciel! je suis perdu.
ARISTE.
     Réglez votre conduite
Sur ce que je vous dis, et fiez-vous à moi
Du soin de mettre fin au trouble où je vous voi :
Soyez-en sûr, j'ai fait demander à Géronte
Un moment d'entretien; et c'est sur quoi je compte :
Je vais de l'amitié joindre l'autorité
Au ton de la franchise et de la vérité,
Et nous éclaircirons ce qui nous embarrasse.
VALÈRE.
Mais il a, par malheur, fort peu d'esprit.
ARISTE.
        De grâce,
Le connaissez-vous?
VALÈRE.
    Non; mais je vois ce qu'il est :

D'ailleurs ne juge-t-on que ceux que l'on connaît?
La conversation deviendrait fort stérile;
J'en sais assez pour voir que c'est un imbécile.

ARISTE.

Vous retombez encore, après m'avoir promis
D'éloigner de votre air et de tous vos avis
Cette méchanceté qui vous est étrangère.
Eh! pourquoi s'opposer à son bon caractère?
Tenez, devant vos gens je n'ai pu librement
Vous parler de Cléon : il faut absolument
Rompre....

VALÈRE.

Que je me donne un pareil ridicule!
Rompre avec un ami!

ARISTE.

Que vous êtes crédule!
On entre dans le monde, on est enivré,
Au plus frivole accueil on se croit adoré;
On prend pour des amis de simples connaissances :
Et que de repentirs suivent ces imprudences!
Il faut pour votre honneur que vous y renonciez.
On vous juge d'abord par ceux que vous voyez :
Ce préjugé s'étend sur votre vie entière;
Et c'est des premiers pas que dépend la carrière.
Débuter par ne voir qu'un homme diffamé!

VALÈRE.

Je vous réponds, monsieur, qu'il est très-estimé :
Il a les ennemis que nous fait le mérite;

D'ailleurs on le consulte, on l'écoute, on le cite :
Aux spectacles surtout il faut voir le crédit
De ses décisions, le poids de ce qu'il dit ;
Il faut l'entendre après une pièce nouvelle ;
Il règne, on l'environne ; il prononce sur elle,
Et son autorité, malgré les protecteurs,
Pulvérise l'ouvrage et les admirateurs.

ARISTE.

Mais vous le condamnez en croyant le défendre :
Est-ce bien là l'emploi qu'un bon esprit doit prendre ?
L'orateur des foyers et des mauvais propos !
Quels titres sont les siens ? l'insolence et des mots,
Des applaudissemens, le respect idolâtre
D'un essaim d'étourdis, chenilles du théâtre ;
Et qui, venant toujours grossir le tribunal
Du bavard imposant qui dit le plus de mal,
Vont semer d'après lui l'ignoble parodie
Sur les fruits du talent et les dons du génie :
Cette audace d'ailleurs, cette présomption
Qui prétend tout ranger à sa décision,
Est d'un fat ignorant la marque la plus sûre :
L'homme éclairé suspend l'éloge et la censure ;
Il sait que sur les arts, les esprits et les goûts,
Le jugement d'un seul n'est point la loi de tous ;
Qu'attendre est, pour juger, la règle la meilleure,
Et que l'arrêt public est le seul qui demeure.

VALÈRE.

Il est vrai ; mais enfin Cléon est respecté,

Et je vois les rieurs toujours de son côté.
ARISTE.
De si honteux succès ont-ils de quoi vous plaire?
Du rôle de plaisant connaissez la misère:
J'ai rencontré souvent de ces gens à bons mots,
De ces hommes charmans qui n'étaient que des sots;
Malgré tous les efforts de leur petite envie,
Une froide épigramme, une bouffonnerie,
A ce qui vaut mieux qu'eux n'ôtera jamais rien;
Et, malgré les plaisans, le bien est toujours bien.
J'ai vu d'autres méchans d'un grave caractère,
Gens laconiques, froids, à qui rien ne peut plaire;
Examinez-les bien : un ton sentencieux
Cache leur nullité sous un air dédaigneux :
Cléon souvent aussi prend cet air d'importance;
Il veut être méchant jusque dans son silence :
Mais qu'il se taise ou non, tous les esprits bien faits
Sauront le mépriser jusque dans ses succès.
VALÈRE.
Lui refuseriez-vous l'esprit? J'ai peine à croire....
ARISTE.
Mais à l'esprit méchant je ne vois point de gloire :
Si vous saviez combien cet esprit est aisé,
Combien il en faut peu, comme il est méprisé !
Le plus stupide obtient la même réussite :
Hé ! pourquoi tant de gens ont-ils ce plat mérite
Stérilité de l'âme, et de ce naturel
Agréable, amusant, sans bassesse et sans fiel.

LE MÉCHANT.

On dit l'esprit commun ; par son succès bizarre,
La méchanceté prouve à quel point il est rare :
Ami du bien, de l'ordre et de l'humanité,
Le véritable esprit marche avec la bonté.
Cléon n'offre à nos yeux qu'une fausse lumière :
La réputation des mœurs est la première ;
Sans elle, croyez-moi, tout succès est trompeur :
Mon estime toujours commence par le cœur.
Sans lui l'esprit n'est rien ; et, malgré vos maximes,
Il produit seulement des erreurs et des crimes.
Fait pour être chéri, ne seriez-vous cité
Que pour le complaisant d'un homme détesté ?

VALÈRE.

Je vois tout le contraire : on le recherche, on l'aime ;
Je voudrais que chacun me détestât de même :
On se l'arrache au moins ; je l'ai vu quelquefois
A des soupers divins retenu pour un mois ;
Quand il est à Paris, il ne peut y suffire :
Me direz-vous qu'on hait un homme qu'on désire ?

ARISTE.

Que dans ses procédés l'homme est inconséquent !
On recherche un esprit dont on hait le talent ;
On applaudit aux traits du méchant qu'on abhorre ;
Et, loin de le proscrire, on l'encourage encore.
Mais convenez aussi qu'avec ce mauvais ton,
Tous ces gens dont il est l'oracle ou le bouffon
Craignent pour eux le sort des absens qu'il leur livre,
Et que tous avec lui seraient fâchés de vivre :

On le voit une fois, il peut être applaudi;
Mais quelqu'un voudrait-il en faire son ami?
VALÈRE.
On le craint, c'est beaucoup.
ARISTE.
Mérite pitoyable!
Pour les esprits sensés est-il donc redoutable?
C'est ordinairement à de faibles rivaux
Qu'il adresse les traits de ses mauvais propos.
Quel bonheur trouvez-vous à poursuivre, à confondre,
A désoler quelqu'un qui ne peut vous répondre?
Ce triomphe honteux de la méchanceté
Réunit la bassesse et l'inhumanité.
Quand sur l'esprit d'un autre on a quelque avantage,
N'est-il pas plus flatteur d'en mériter l'hommage,
De voiler, d'enhardir la faiblesse d'autrui,
Et d'en être à la fois et l'amour et l'appui?
VALÈRE.
Qu'elle soit un peu plus, un peu moins vertueuse,
Vous m'avoûrez du moins que sa vie est heureuse:
On épuise bientôt une société;
On sait tout votre esprit, vous n'êtes plus fêté
Quand vous n'êtes plus neuf; il faut une autre scène
Et d'autres spectateurs: il passe, il se promène
Dans les cercles divers, sans gêne, sans lien;
Il a la fleur de tout, n'est esclave de rien....
ARISTE.
Vous le croyez heureux? Quelle âme méprisable!

Si c'est là son bonheur, c'est être misérable.
Étranger au milieu de la société,
Et partout fugitif, et partout rejeté,
Vous connaîtrez bientôt par votre expérience
Que le bonheur du cœur est dans la confiance.
Un commerce de suite avec les mêmes gens,
L'union des plaisirs, des goûts, des sentimens,
Une société peu nombreuse, et qui s'aime,
Où vous pensez tout haut, où vous êtes vous-même,
Sans lendemain, sans crainte et sans malignité,
Dans le sein de la paix et de la sûreté :
Voilà le seul bonheur honorable et paisible
D'un esprit raisonnable, et d'un cœur né sensible.
Sans amis, sans repos, suspect et dangereux,
L'homme frivole et vague est déjà malheureux.
Mais jugez avec moi combien l'est davantage
Un méchant affiché dont on craint le passage,
Qui traînant avec lui les rapports, les horreurs,
L'esprit de fausseté, l'art affreux des noirceurs,
Abhorré, méprisé, couvert d'ignominie,
Chez les honnêtes gens demeure sans patrie :
Voilà le vrai proscrit, et vous le connaissez.

VALÈRE.

Je ne le verrais plus si ce que vous pensez
Allait m'être prouvé : mais on outre les choses;
C'est donner à des riens les plus horribles causes :
Quant à la probité, nul ne peut l'accuser ;
Ce qu'il dit, ce qu'il fait, n'est que pour s'amuser.

ACTE IV, SCÈNE IV.

ARISTE.

S'amuser, dites-vous? Quelle erreur est la vôtre!
Quoi! vendre tour à tour, immoler l'une à l'autre
Chaque société, diviser les esprits,
Aigrir des gens brouillés, ou brouiller des amis,
Calomnier, flétrir des femmes estimables,
Faire du mal d'autrui ses plaisirs détestables;
Ce germe d'infamie et de perversité
Est-il dans la même âme avec la probité?
Et parmi vos amis vous souffrez qu'on le nomme!

VALÈRE.

Je ne le connais plus s'il n'est point honnête homme :
Mais il me reste un doute; avec trop de bonté
Je crains de me piquer de singularité :
Sans condamner l'avis de Cléon, ni le vôtre,
J'ai l'esprit de mon siècle, et je suis comme un autre.
Tout le monde est méchant; et je serais partout
Ou dupe, ou ridicule, avec un autre goût.

ARISTE.

Tout le monde est méchant! oui, ces cœurs haïssables,
Ce peuple d'hommes faux, de femmes, d'agréables,
Sans principes, sans mœurs, esprits bas et jaloux,
Qui se rendent justice en se méprisant tous.
En vain ce peuple affreux, sans frein et sans scrupule,
De la bonté du cœur veut faire un ridicule.
Pour chasser ce nuage, et voir avec clarté
Que l'homme n'est point fait pour la méchanceté,

Consultez, écoutez pour juges, pour oracles,
Les hommes rassemblés; voyez à nos spectacles,
Quand on peint quelque trait de candeur, de bonté,
Où brille en tout son jour la tendre humanité,
Tous les cœurs sont remplis d'une volupté pure,
Et c'est là qu'on entend le cri de la nature.

VALÈRE.

Vous me persuadez.

ARISTE.

Vous ne réussirez
Qu'en suivant ces conseils; soyez bon, vous plairez :
Si la raison ici vous a plu dans ma bouche,
Je le dois à mon cœur que votre intérêt touche.

VALÈRE.

Géronte vient : calmez son esprit irrité,
Et comptez pour toujours sur ma docilité.

SCÈNE V.

GÉRONTE, ARISTE, VALÈRE.

GÉRONTE.

Le voilà bien paré! ma foi, c'est grand dommage
Que vous ayez ici perdu votre étalage!

VALÈRE.

Cessez de m'accabler, monsieur, et par pitié
Songez qu'avant ce jour j'avais votre amitié;
Par l'erreur d'un moment ne jugez point ma vie :
Je n'ai qu'une espérance, ah! m'est-elle ravie!

Sans l'aimable Chloé je ne puis être heureux :
Voulez-vous mon malheur ?

GÉRONTE.

Elle a d'assez beaux yeux....
Pour des yeux de province.

VALÈRE.

Ah ! laissez là, de grâce,
Des torts que pour toujours mon repentir efface,
Laissez un souvenir....

GÉRONTE.

Vous-même laissez-nous :
Monsieur veut me parler. Au reste arrangez-vous
Tout comme vous voudrez, vous n'aurez point ma nièce.

VALÈRE.

Quand j'abjure à jamais ce qu'un moment d'ivresse....

GÉRONTE.

Oh ! pour rompre, vraiment, j'ai bien d'autres raisons.

VALÈRE.

Quoi donc ?

GÉRONTE.

Je ne dis rien ; mais sans tant de façons
Laissez-nous, je vous prie, ou bien je me retire.

VALÈRE.

Non, monsieur, j'obéis.... A peine je respire....
Ariste, vous savez mes vœux et mes chagrins,
Décidez de mes jours, leur sort est dans vos mains.

SCÈNE VI.

GÉRONTE, ARISTE.

ARISTE.

Vous le traitez bien mal ; je ne vois pas quel crime....

GÉRONTE.

A la bonne heure, il peut obtenir votre estime :
Vous avez vos raisons apparemment ; et moi
J'ai les miennes aussi : chacun juge pour soi.
Je crois, pour votre honneur, que du petit Valère
Vous pouviez ignorer le mauvais caractère.

ARISTE.

Ce ton-là m'est nouveau ; jamais votre amitié
Avec moi jusqu'ici ne l'avait employé.

GÉRONTE.

Que diable voulez-vous ? Quelqu'un qui me conseille
De m'empétrer ici d'une espèce pareille
M'aime-t-il ? Vous voulez que je trouve parfait
Un petit suffisant qui n'a que du caquet,
D'ailleurs mauvais esprit, qui décide, qui fronde,
Parle bien de lui-même, et mal de tout le monde ?

ARISTE.

Il est jeune, il peut être indiscret, vain, léger ;
Mais quand le cœur est bon, tout peut se corriger.
S'il vous a révolté par une extravagance,
Quoique sur cet article il s'obstine au silence,
Vous devez moins, je crois, vous en prendre à son cœur,
Qu'à de mauvais conseils dont on saura l'auteur.

Sur la méchanceté vous lui rendrez justice :
Valère a trop d'esprit pour ne pas fuir ce vice ;
Il peut en avoir eu l'apparence et le ton
Par vanité, par air, par indiscrétion ;
Mais de ce caractère il a vu la bassesse :
Comptez qu'il est bien né, qu'il pense avec noblesse.

GÉRONTE.

Il fait donc l'hypocrite avec vous : en effet,
Il lui manquait ce vice, et le voilà parfait.
Ne me contraignez pas d'en dire davantage ;
Ce que je sais de lui....

ARISTE.

Cléon....

GÉRONTE.

Encor ! j'enrage.
Vous avez la fureur de mal penser d'autrui ;
Qu'a-t-il à faire là ? Vous parlez mal de lui
Tandis qu'il vous estime et qu'il vous justifie.

ARISTE.

Moi ! me justifier ! Hé ! de quoi, je vous prie ?

GÉRONTE.

Enfin....

ARISTE.

Expliquez-vous, ou je romps pour jamais
Vous ne m'estimez plus, si des soupçons secrets....

GÉRONTE.

Tenez, voilà Cléon ; il pourra vous apprendre
S'il veut des procédés que je ne puis comprendre.

C'est de mon amitié faire bien peu de cas....
Je sors.... car je dirais ce que je ne veux pas....

SCÈNE VII.

CLÉON, ARISTE.

ARISTE.

M'apprendrez-vous, monsieur, quelle odieuse histoire
Me brouille avec Géronte, et quelle âme assez noire....

CLÉON.

Vous n'êtes pas brouillés; amis de tous les temps,
Vous êtes au-dessus de tous les différends :
Vous verrez simplement que c'est quelque nuage ;
Cela finit toujours par s'aimer davantage.
Géronte a sur le cœur nos persécutions
Sur un parti qu'en vain vous et moi conseillons.
Moi, j'aime fort Valère, et je vois avec peine
Qu'il se soit annoncé par donner une scène ;
Mais, soit dit entre nous, peut-on compter sur lui ?
A bien examiner ce qu'il fait aujourd'hui,
On imaginerait qu'il détruit notre ouvrage,
Qu'il agit sourdement contre son mariage ;
Il veut, il ne veut plus : sait-il ce qu'il lui faut ?
Il est près de Chloé qu'il refusait tantôt.

ARISTE.

Tout serait expliqué si l'on cessait de nuire,
Si la méchanceté ne cherchait à détruire....

ACTE IV, SCÈNE VII.

CLÉON.

Oh bon ! quelle folie ! Êtes-vous de ces gens
Soupçonneux, ombrageux ? croyez-vous aux méchans ?
Et réalisez-vous cet être imaginaire,
Ce petit préjugé qui ne va qu'au vulgaire ?
Pour moi, je n'y crois pas : soit dit sans intérêt,
Tout le monde est méchant, et personne ne l'est ;
On reçoit et l'on rend ; on est à peu près quitte :
Parlez-vous des propos ? Comme il n'est ni mérite,
Ni goût, ni jugement, qui ne soit contredit,
Que rien n'est vrai sur rien, qu'importe ce qu'on dit ?
Tel sera mon héros, et tel sera le vôtre ;
L'aigle d'une maison n'est qu'un sot dans une autre :
Je dis ici qu'Éraste est un mauvais plaisant ;
Eh bien ! on dit ailleurs qu'Éraste est amusant.
Si vous parlez des faits et des tracasseries,
Je n'y vois dans le fond que des plaisanteries ;
Et si vous attachez du crime à tout cela,
Beaucoup d'honnêtes gens sont de ces fripons-là.
L'agrément couvre tout, il rend tout légitime :
Aujourd'hui dans le monde on ne connaît qu'un crime,
C'est l'ennui ; pour le fuir tous les moyens sont bons ;
Il gagnerait bientôt les meilleures maisons
Si l'on s'aimait si fort ; l'amusement circule
Par les préventions, les torts, le ridicule :
Au reste, chacun parle et fait comme il l'entend.
Tout est mal, tout est bien, tout le monde est content.

ARISTE.

On n'a rien à répondre à de telles maximes :
Tout est indifférent pour les âmes sublimes.
Le plaisir, dites-vous, y gagne ; en vérité,
Je n'ai vu que l'ennui chez la méchanceté :
Ce jargon éternel de la froide ironie,
L'air de dénigrement, l'aigreur, la jalousie,
Ce ton mystérieux, ces petits mots sans fin,
Toujours avec un air qui voudrait être fin ;
Ces indiscrétions, ces rapports infidèles,
Ces basses faussetés, ces trahisons cruelles ;
Tout cela n'est-il pas, à le bien définir,
L'image de la haine et la mort du plaisir?
Aussi ne voit-on plus où sont ces caractères,
L'aisance, la franchise et les plaisirs sincères.
On est en garde, on doute enfin si l'on rira :
L'esprit qu'on veut avoir gâte celui qu'on a.
De la joie et du cœur on perd l'heureux langage
Pour l'absurde talent d'un triste persifflage.
Faut-il donc s'ennuyer pour être du bon air?
Mais, sans perdre en discours un temps qui nous est cher,
Venons au fait, monsieur ; connaissez ma droiture :
Si vous êtes ici, comme on le conjecture,
L'ami de la maison ; si vous voulez le bien,
Allons trouver Géronte, et qu'il ne cache rien.
Sa défiance ici tous deux nous déshonore :
Je lui révélerai des choses qu'il ignore ;

Vous serez notre juge : allons, secondez-moi,
Et soyons tous trois sûrs de notre bonne foi.

CLÉON.

Une explication ! en faut-il quand on s'aime ?
Ma foi, laissez tomber tout cela de soi-même.
Me mêler là-dedans !.... ce n'est pas mon avis :
Souvent un tiers se brouille avec les deux partis ;
Et je crains.... Vous sortez ? Mais, vous me faites rire.
De grâce, expliquez-moi....

ARISTE.

Je n'ai rien à vous dire.

SCÈNE VIII.

LISETTE, ARISTE, CLÉON.

LISETTE.

Messieurs, on vous attend dans le bois.

ARISTE, bas à Lisette, en sortant.

Songe au moins...

LISETTE, bas à Ariste.

Silence.

SCÈNE IX.

CLÉON, LISETTE.

CLÉON.

Heureusement nous voilà sans témoins :
Achève de m'instruire, et ne fais aucun doute....

LISETTE.

Laissez-moi voir d'abord si personne n'écoute

Par hasard à la porte, ou dans ce cabinet;
Quelqu'un des gens pourrait entendre mon secret.

CLÉON, seul.

La petite Chloé, comme me dit Lisette,
Pourrait vouloir de moi! L'aventure est parfaite :
Feignons; c'est à Valère assurer son refus,
Et tourmenter Florise est un plaisir de plus.

LISETTE, à part, en revenant.

Tout va bien.

CLÉON.

Tu me vois dans la plus douce ivresse :
Je l'aimais, sans oser lui dire ma tendresse.
Sonde encor ses désirs : s'ils répondent aux miens,
Dis-lui que dès long-temps j'ai prévenu les siens.

LISETTE.

Je crains pourtant toujours.

CLÉON.

Quoi?

LISETTE.

Ce goût pour madame.

CLÉON.

Si tu n'as pour raison que cette belle flamme....
Je te l'ai déjà dit; non, je ne l'aime pas.

LISETTE.

Ma foi, ni moi non plus. Je suis dans l'embarras,
Je veux sortir d'ici, je ne saurais m'y plaire :
Ce n'est pas pour monsieur; j'aime son caractère;

Il est assez bon maître, et le même en tout temps,
Bon homme....

CLÉON.
Oui, les bavards sont toujours bonnes gens.
LISETTE.
Pour madame!... Oh! d'honneur. Mais je crains ma franchise
Si vous redeveniez amoureux de Florise....
Car vous l'avez été sûrement; et je croi....

CLÉON.
Moi, Lisette, amoureux! tu te moques de moi :
Je ne me le suis cru qu'une fois en ma vie;
J'eus Araminte un mois; elle était très-jolie,
Mais coquette à l'excès; cela m'ennuyait fort :
Elle mourut, je fus enchanté de sa mort.
Il faut, pour m'attacher, une âme simple et pure,
Comme Chloé, qui sort des mains de la nature,
Faite pour allier les vertus aux plaisirs,
Et mériter l'estime en donnant des désirs;
Mais madame Florise!...

LISETTE.
Elle est insupportable;
Rien n'est bien : autrefois je la croyais aimable,
Je ne la trouvais pas difficile à servir;
Aujourd'hui, franchement, on n'y peut plus tenir;
Et pour rester ici, j'y suis trop malheureuse.
Comment la trouvez-vous?

CLÉON.
Ridicule, odieuse....

L'air commun, qu'elle croit avoir noble pourtant ;
Ne pouvant se guérir de se croire un enfant :
Tant de prétentions, tant de petites grâces,
Que je mets, vu leur date, au nombre des grimaces ;
Tout cela, dans le fond, m'ennuie horriblement ;
Une femme qui fuit le monde en enrageant,
Parce qu'on n'en veut plus, et se croit philosophe ;
Qui veut être méchante, et n'en a pas l'étoffe ;
Courant après l'esprit, ou plutôt se parant
De l'esprit répété qu'elle attrape en courant ;
Jouant le sentiment : il faudrait, pour lui plaire,
Tous les menus propos de la vieille Cythère,
Ou sans cesse essuyer des scènes de dépit,
Des fureurs sans amour, de l'humeur sans esprit ;
Un amour-propre affreux, quoique rien ne soutienne...

LISETTE.

Au fond je ne vois pas ce qui la rend si vaine.

CLÉON.

Quoiqu'elle garde encor des airs sur la vertu,
De grands mots sur le cœur, qui n'a-t-elle pas eu ?
Elle a perdu les noms, elle a peu de mémoire ;
Mais tout Paris pourrait en retrouver l'histoire :
Et je n'aspire point à l'honneur singulier
D'être le successeur de l'univers entier.

LISETTE, allant vers le cabinet.

Paix ! j'entends là-dedans.... Je crains quelque aventure.

CLÉON, seul.

Lisette est difficile, ou la voilà bien sûre

ACTE IV, SCÈNE IX.

Que je n'ai point l'amour qu'elle me soupçonnait :
Et si, comme elle, aussi Chloé l'imaginait,
Elle ne craindra plus....

LISETTE, à part, en revenant.

Elle est, ma foi, partie,
De rage, apparemment, ou bien par modestie.

CLÉON.

Hé bien?

LISETTE.

On me cherchait. Mais vous n'y pensez pas,
Monsieur; souvenez-vous qu'on vous attend là-bas.
Gardons bien le secret; vous sentez l'importance....

CLÉON.

Compte sur les effets de ma reconnaissance
Si tu peux réussir à faire mon bonheur.

LISETTE.

Je ne demande rien ; j'oblige pour l'honneur.
(à part, en sortant.)
Ma foi, nous le tenons.

CLÉON, seul.

Pour couronner l'affaire,
Achevons de brouiller et de noyer Valère.

FIN DU QUATRIÈME ACTE.

ACTE CINQUIÈME.

SCÈNE I.

LISETTE, FRONTIN.

LISETTE.

Entre donc... Ne crains rien, te dis-je, ils n'y sont pas.
Hé bien ! de ta prison tu dois être fort las ?

FRONTIN.

Moi ! non. Qu'on veuille ainsi me faire bonne chère,
Et que j'aie en tout temps Lisette pour géôlière,
Je serai prisonnier, ma foi, tant qu'on voudra.
Mais si mon maître enfin....

LISETTE.

      Supprime ce nom-là ;
Tu n'es plus à Cléon, je te donne à Valère :
Chloé doit l'épouser, et voilà ton affaire ;
Grâce à la noce, ici tu restes attaché,
Et nous nous marirons par-dessus le marché.

FRONTIN.

L'affaire de la noce est donc raccommodée ?

LISETTE.

Pas tout-à-fait encor, mais j'en ai bonne idée ;
Je ne sais quoi me dit qu'en dépit de Cléon
Nous ne sommes pas loin de la conclusion :

ACTE V, SCÈNE I.

En gens congédiés je crois me bien connaître,
Ils ont d'avance un air que je trouve à ton maître ;
Dans l'esprit de Florise il est expédié.
Grâce aux conseils d'Ariste, au pouvoir de Chloé,
Valère l'abandonne : ainsi, selon mon compte,
Cléon n'a plus pour lui que l'erreur de Géronte,
Qui par nous tous, dans peu, saura la vérité :
Veux-tu lui rester seul ? et que ta probité....

FRONTIN.

Mais le quitter ! jamais je n'oserai lui dire.

LISETTE.

Bon ! Eh bien ! écris-lui....Tu ne sais pas écrire
Peut-être ?

FRONTIN.

Si, parbleu !

LISETTE.

Tu te vantes ?

FRONTIN.

Moi ? non :
Tu vas voir.
(Il écrit.)

LISETTE.

Je croyais que tu signais ton nom
Simplement ; mais tant mieux : mande-lui, sans mystère,
Qu'un autre arrangement que tu crois nécessaire,
Des raisons de famille enfin, t'ont obligé
De lui signifier que tu prends ton congé.

FRONTIN.

Ma foi, sans compliment, je demande mes gages.
Tiens, tu lui porteras....

LISETTE.

Dès que tu te dégages
De ta condition, tu peux compter sur moi,
Et j'attendais cela pour finir avec toi.
Valère, c'en est fait, te prend à son service.
Tu peux, dès ce moment, entrer en exercice ;
Et, pour que ton état soit dûment éclairci,
Sans retour, sans appel, dans un moment d'ici
Je te ferai porter au château de Valère
Un billet qu'il m'a dit d'envoyer à sa mère :
Cela te sauvera de toute explication,
Et le premier moment de l'humeur de Cléon....
Mais je crois qu'on revient.

FRONTIN.

Il pourrait nous surprendre,
J'en meurs de peur : adieu.

LISETTE.

Ne crains rien : va m'attendre ;
Je vais t'expédier [1].

---

[1] Nous restituons ici deux vers qui ne se trouvent que dans la deuxième édition, faite en 1748, sous les yeux de Gresset, à Paris, chez Jorry. Toutes les éditions calquées sur celles de 1745 et 1765 présentent, dans les deux derniers vers de

ACTE V, SCÈNE I.

FRONTIN, *revenant sur ses pas.*
                    Mais à propos vraiment,
J'oubliais....
             LISETTE.
       Sauve-toi : j'irai dans un moment
T'entendre et te parler.

SCÈNE II.
LISETTE.

              J'ai de son écriture !
Je voudrais bien savoir quelle est cette aventure,
Et pour quelle raison Ariste m'a prescrit
Un si profond secret quand j'aurais cet écrit.
Il se peut que ce soit pour quelque gentillesse
De Cléon ; en tout cas je ne rends cette pièce
Que sous condition, et s'il m'assure bien
Qu'à mon pauvre Frontin il n'arrivera rien :
Car enfin bien des gens, à ce que j'entends dire,
Ont été quelquefois pendus pour trop écrire.
Mais le voici.

cette scène, et dans les deux premiers de la suivante, quatre rimes féminines. On lit dans quelques éditions les vers suivans :
              Ne crains rien : va m'attendre.
« Nous ne tarderons pas à nous voir marier ;
« Et pour presser l'instant », je vais t'expédier.
         SCÈNE II.
« Ne perdons point de temps. » J'ai de son écriture.

SCÈNE III.

FLORISE, ARISTE, LISETTE.

LISETTE, à part, à Ariste.

Monsieur, pourrais-je vous parler ?

ARISTE.

Je te suis dans l'instant.

SCÈNE IV.

FLORISE, ARISTE.

ARISTE.

C'est trop vous désoler.
En vérité, madame, il ne vaut point la peine
Du moindre sentiment de colère ou de haine :
Libre de vos chagrins, partagez seulement
Le plaisir que Chloé ressent en ce moment
D'avoir pu recouvrer l'amitié de sa mère,
Et de vous voir sensible à l'espoir de Valère.
Vous ne m'étonnez point, au reste, et vous deviez
Attendre de Cléon tout ce que vous voyez.

FLORISE.

Qu'on ne m'en parle plus : c'est un fourbe exécrable,
Indigne du nom d'homme, un monstre abominable.
Trop tard pour mon malheur je déteste aujourd'hui
Le moment où j'ai pu me lier avec lui.
Je suis outrée !

ACTE V, SCÈNE IV.

ARISTE.

Il faut, sans tarder, sans mystère,
Qu'il soit chassé d'ici.

FLORISE.

Je ne sais comment faire,
Je le crains ; c'est pour moi le plus grand embarras.

ARISTE.

Méprisez-le à jamais, vous ne le craindrez pas.
Voulez-vous avec lui vous abaisser à feindre ?
Vous l'honoreriez trop en paraissant le craindre ;
Osez l'apprécier : tous ces gens redoutés,
Fameux par les propos et par les faussetés,
Vus de près ne sont rien ; et toute cette espèce
N'a de force sur nous que par notre faiblesse :
Des femmes sans esprit, sans grâces, sans pudeur,
Des hommes décriés, sans talens, sans honneur,
Verront donc à jamais leurs noirceurs impunies,
Nous tiendront dans la crainte à force d'infamies,
Et se feront un nom d'une méchanceté
Sans qui l'on n'eût pas su qu'ils avaient existé !
Non ; il faut s'épargner tout égard, toute feinte ;
Les braver sans faiblesse, et les nommer sans crainte.
Tôt ou tard la vertu, les grâces, les talens,
Sont vainqueurs des jaloux, et vengés des méchans.

FLORISE.

Mais songez qu'il peut nuire à toute ma famille,
Qu'il va tenir sur moi, sur Géronte et ma fille
Les plus affreux discours....

ARISTE.

       Qu'il parle mal ou bien,
Il est déshonoré, ses discours ne sont rien ;
Il vient de couronner l'histoire de sa vie :
Je vais mettre le comble à son ignominie
En écrivant partout les détails odieux
De la division qu'il semait en ces lieux.
Autant qu'il faut de soins, d'égards et de prudence
Pour ne point accuser l'honneur et l'innocence,
Autant il faut d'ardeur, d'inflexibilité
Pour déférer un traître à la société ;
Et l'intérêt commun veut qu'on se réunisse
Pour flétrir un méchant, pour en faire justice.
J'instruirai l'univers de sa mauvaise foi
Sans me cacher ; je veux qu'il sache que c'est moi :
Un rapport clandestin n'est pas d'un honnête homme;
Quand j'accuse quelqu'un, je le dois, et me nomme.

FLORISE.

Non ; si vous m'en croyez, laissez-moi tout le soin
De l'éloigner de nous, sans éclat, sans témoin.
Quelque peine que j'aie à soutenir sa vue,
Je veux l'entretenir, et dans cette entrevue
Je vais lui faire entendre intelligiblement
Qu'il est de trop ici : tout autre arrangement
Ne réussirait pas sur l'esprit de mon frère ;
Cléon plus que jamais a le don de lui plaire ;
Ils ne se quittent plus, et Géronte prétend
Qu'il doit à sa prudence un service important.

Enfin, vous le voyez, vous avez eu beau dire
Qu'on soupçonnait Cléon d'une affreuse satire,
Géronte ne croit rien : nul doute, nul soupçon
N'a pu faire sur lui la moindre impression....
Mais ils viennent, je crois : sortons ; je vais attendre
Que Cléon soit tout seul.

SCÈNE V.
GÉRONTE, CLÉON.

GÉRONTE.

      Je ne veux rien entendre ;
Votre premier conseil est le seul qui soit bon,
Je n'oublirai jamais cette obligation :
Cessez de me parler pour ce petit Valère ;
Il ne sait ce qu'il veut, mais il sait me déplaire :
Il refusait tantôt, il consent maintenant.
Moi, je n'ai qu'un avis, c'est un impertinent.
Ma sœur sur son chapitre est, dit-on, revenue :
Autre esprit inégal, sans aucune tenue ;
Mais ils ont beau s'unir, je ne suis pas un sot :
Un fou n'est pas mon fait : voilà mon dernier mot.
Qu'ils en enragent tous, je n'en suis pas plus triste.
Que dites-vous aussi de ce bon homme Ariste?
Ma foi, mon vieux ami n'a plus le sens commun ;
Plein de préventions, discoureur importun,
Il veut que vous soyez l'auteur d'une satire
Où je suis pour ma part ; il vous fait même écrire

Ma lettre de tantôt : vainement je lui dis
Qu'elle était clairement d'un de vos ennemis,
Puisqu'on voulait donner des soupçons sur vous-même;
Rien n'y fait; il soutient son absurde système :
Soit dit confidemment, je crois qu'il est jaloux
De tous les sentimens qui m'attachent à vous.

CLÉON.

Qu'il choisisse donc mieux les crimes qu'il me donne;
Car moi, je suis si loin d'écrire sur personne,
Que, sans autre sujet, j'ai renvoyé Frontin
Sur le simple soupçon qu'il était écrivain.
Il m'était revenu que dans des brouilleries
On l'avait employé pour des tracasseries :
On peut nous imputer les fautes de nos gens,
Et je m'en suis défait de peur des accidens.
Je ne répondrais pas qu'il n'eût part au mystère
De l'écrit contre vous; et peut-être Valère,
Qui refusait d'abord, et qui connait Frontin
Depuis qu'il me connaît, s'est servi de sa main
Pour écrire à sa mère une lettre anonyme.
Au reste.... il ne faut point que cela vous anime
Contre lui; ce soupçon peut n'être pas fondé.

GÉRONTE.

Oh! vous êtes trop bon : je suis persuadé,
Par le ton qu'employait ce petit agréable,
Qu'il est faux, méchant, noir, et qu'il est bien capable
Du mauvais procédé dont on veut vous noircir.
Qu'on vous accuse encore ! oh! laissez-les venir.

Puisque de leur présence on ne peut se défaire,
Je vais leur déclarer, d'une façon très-claire
Que je romps tout accord ; car, sans comparaison,
J'aime mieux vingt procès qu'un fat dans ma maison.

SCÈNE VI.

CLÉON, seul.

Que je tiens bien mon sot ! Mais par quelle inconstance
Florise semble-t-elle éviter ma présence ?
L'imprudente Lisette aurait-elle avoué ?
Elle consent, dit-on, à marier Chloé.
On ne sait ce qu'on tient avec ces femmelettes :
Mais je l'ai subjuguée.... un mot, quelques fleurettes
Me la ramèneront.... ou, si je suis trahi,
J'en suis tout consolé, je me suis réjoui.

SCÈNE VII.

FLORISE, CLÉON.

CLÉON.

Vous venez à propos : j'allais chez vous, madame....
Mais quelle rêverie occupe donc votre âme ?
Qu'avez-vous ? vos beaux yeux me semblent moins sereins :
Faite pour les plaisirs, auriez-vous des chagrins ?

FLORISE.

J'en ai de trop réels.

CLÉON.

    Dites-les-moi, de grâce,

Je les partagerai, si je ne les efface.
Vous connaissez....

FLORISE.

J'ai fait bien des réflexions,
Et je ne trouve pas que nous nous convenions.

CLÉON.

Comment, belle Florise ! et quel affreux caprice
Vous force à me traiter avec tant d'injustice ?
Quelle était mon erreur, quand je vous adorais !
Je me croyais aimé....

FLORISE.

Je me l'imaginais ;
Mais je vois à présent que je me suis trompée :
Par d'autres sentimens mon âme est occupée ;
Des folles passions j'ai reconnu l'erreur,
Et ma raison enfin a détrompé mon cœur.

CLÉON.

Mais est-ce bien à moi que ce discours s'adresse ?
A moi dont vous savez l'estime et la tendresse,
Qui voulais à jamais tout vous sacrifier,
Qui ne voyais que vous dans l'univers entier ?
Ne me confirmez pas l'arrêt que je redoute ;
Tranquillisez mon cœur : vous l'éprouvez, sans doute ?

FLORISE.

Une autre vous aurait fait perdre votre temps,
Ou vous amuserait par l'air des sentimens ;
Moi, qui ne suis point fausse

ACTE V, SCÈNE VII.

CLÉON, à genoux, et de l'air le plus affligé.

       Et vous pouvez, cruelle,
M'annoncer froidement cette affreuse nouvelle?

FLORISE

Il faut ne nous plus voir.

CLÉON, se relevant, et éclatant de rire.

       Ma foi, si vous voulez
Que je vous parle aussi très-vrai, vous me comblez.
Vous m'avez épargné, par cet aveu sincère,
Le même compliment que je voulais vous faire.
Vous cessez de m'aimer, vous me croyez quitté;
Mais j'ai depuis long-temps gagné de primauté.

FLORISE.

C'est trop souffrir ici la honte où je m'abaisse;
Je rougis des égards qu'employait ma faiblesse.
Eh bien! allez, monsieur : que vos talens sur nous
Épuisent tous les traits qui sont dignes de vous;
Ils partent de trop bas pour pouvoir nous atteindre.
Vous êtes démasqué, vous n'êtes plus à craindre :
Je ne demande pas d'autre éclaircissement,
Vous n'en méritez point. Partez dès ce moment :
Ne me voyez jamais.

CLÉON.

     La dignité s'en mêle!
Vous mettez de l'humeur à cette bagatelle!
Sans nous en aimer moins, nous nous quittons tous deux.
Épargnons à Géronte un éclat scandaleux,
Ne donnons point ici de scène extravagante;

Attendez quelques jours, et vous serez contente :
D'ailleurs il m'aime assez, et je crois malaisé....

FLORISE.
Oh ! je veux sur-le-champ qu'il soit désabusé.

SCÈNE VIII.
GÉRONTE, ARISTE, VALÈRE, CLÉON, FLORISE, CHLOÉ.

GÉRONTE.
Hé bien ! qu'est-ce, ma sœur ? Pourquoi tout ce tapage ?

FLORISE.
Je ne puis point ici demeurer davantage,
Si monsieur, qu'il fallait n'y recevoir jamais....

CLÉON.
L'éloge n'est pas fade.

GÉRONTE.
Oh ! qu'on me laisse en paix ;
Ou, si vous me poussez, tel ici qui m'écoute....

ARISTE.
Valère ne craint rien : pour moi je ne redoute
Nulle explication. Voyons, éclaircissez....

GÉRONTE.
Je m'entends, il suffit.

ARISTE.
Non, ce n'est point assez :
Ainsi que l'amitié la vérité m'engage....

ACTE V, SCÈNE VIII.

GÉRONTE.

Et moi je n'en veux point entendre davantage :
Dans ces misères-là je n'ai plus rien à voir,
Et je sais là-dessus tout ce qu'on peut savoir.

ARISTE.

Sachez donc avec moi confondre l'imposture :
De la lettre sur vous connaissez l'écriture....
C'est Frontin, le valet de monsieur que voilà.

GÉRONTE.

Vraiment oui, c'est Frontin! je savais tout cela :
Belle nouvelle!

ARISTE.

Hé quoi! votre raison balance?
Hé vous ne voyez pas avec trop d'évidence....

GÉRONTE.

Un valet, un coquin!....

VALÈRE.

Connaissez mieux les gens :
Vous accusez Frontin, et moi je le défends.

GÉRONTE.

Parbleu! je le crois bien, c'est votre secrétaire.

VALÈRE.

Que dites-vous, monsieur? et quel nouveau mystère....
Pour vous en éclaircir interrogeons Frontin.

CLÉON.

Il est parti, je l'ai renvoyé ce matin.

VALÈRE.

Vous l'avez renvoyé : moi je l'ai pris; qu'il vienne.

(à un laquais.)
Qu'on appelle Lisette, et qu'elle nous l'amène.

GÉRONTE, à Valère.
(A Cléon.)
Frontin vous appartient ? Autre preuve pour nous !
Il était à monsieur même en servant chez vous,
Et je ne doute pas qu'il ne le justifie.

CLÉON.
Valère, quelle est donc cette plaisanterie ?

VALÈRE.
Je ne plaisante plus, et ne vous connais point.
Dans tous les lieux, au reste, observez bien ce point,
Respectez ce qu'ici je respecte et que j'aime ;
Songez que l'offenser, c'est m'offenser moi-même.

GÉRONTE.
Mais vraiment il est brave.... On me mandait que non.

SCÈNE IX.

GÉRONTE, ARISTE, CLÉON, VALÈRE, FLORISE, CHLOÉ, LISETTE.

ARISTE, à Lisette.
Qu'as-tu fait de Frontin ? et par quelle raison....

LISETTE.
Il est parti.

ARISTE.
Non, non : ce n'est plus un mystère.

ACTE V, SCÈNE IX.

LISETTE.

Il est allé porter la lettre de Valère.
Vous ne m'aviez pas dit....

ARISTE.

Quel contre-temps fâcheux!

CLÉON.

Comment! malgré mon ordre il était en ces lieux!
Je veux de ce fripon....

LISETTE.

Un peu de patience,
Et moins de complimens; Frontin vous en dispense.
Il peut bien par hasard avoir l'air d'un fripon,
Mais dans le fond il est fort honnête garçon;

(montrant Valère.)

Il vous quitte, d'ailleurs, et monsieur en ordonne :
Mais comme il ne prétend rien avoir à personne,
J'aurais bien à vous rendre un paquet qu'à Paris
A votre procureur vous auriez cru remis;
Mais....

FLORISE, se saisissant du paquet.

Donne cet écrit; j'en sais tout le mystère.

CLÉON, très-vivement.

Mais, madame, c'est vous.... Songez....

FLORISE.

Lisez, mon frère.
Vous connaissez la main de monsieur; apprenez
Les dons que son bon cœur vous avait destinés,
Et jugez par ce trait des indignes manœuvres....

GÉRONTE, en fureur, après avoir lu.
M'interdire! corbleu!... Voilà donc de vos œuvres!
Ah! monsieur l'honnête homme, enfin je vous connais :
Remarquez ma maison pour n'y rentrer jamais.

CLÉON.

C'est à l'attachement de madame Florise
Que vous devez l'honneur de toute l'entreprise :
Au reste, serviteur. Si l'on parle de moi,
Avec ce que j'ai vu, je suis en fonds, je croi,
Pour prendre ma revanche.

(Il sort.)

SCÈNE X.

GÉRONTE, ARISTE, VALÈRE, FLORISE, CHLOÉ, LISETTE.

GÉRONTE, à Cléon qui sort.

Oh! l'on ne vous craint guère...
Je ne suis pas plaisant, moi, de mon caractère;
Mais morbleu! s'il ne part....

ARISTE.

Ne pensez plus à lui.
Malgré l'air satisfait qu'il affecte aujourd'hui,
Du moindre sentiment si son âme est capable,
Il est assez puni quand l'opprobre l'accable.

GÉRONTE.

Sa noirceur me confond.... Daignez oublier tous
L'injuste éloignement qu'il m'inspirait pour vous.

Ma sœur, faisons la paix.... Ma nièce aurait Valère,
Si j'étais bien certain....

ARISTE.

S'il a pu vous déplaire,
(Je vous l'ai déjà dit) un conseil ennemi....

GÉRONTE, à Valère.

(à Ariste.)

Allons, je te pardonne. Et nous, mon cher ami,
Qu'il ne soit plus parlé de torts ni de querelles,
Ni de gens à la mode, et d'amitiés nouvelles.
Malgré tout le succés de l'esprit des méchans,
Je sens qu'on en revient toujours aux bonnes gens.

FIN DU CINQUIÈME ET DERNIER ACTE.

TABLE

DES PIÈCES CONTENUES DANS CE VOLUME.

	Pages.
Notice sur Gresset	v
Jugement de divers Auteurs sur les Ouvrages de Gresset	ix
Vert-Vert	1
Adieux aux Jésuites	29
Le Carême impromptu	31
Le Lutrin vivant	38
La Chartreuse	46
Les Ombres	72
Envoi de l'Épître suivante	85
Épître à ma Muse	87
Épître au P. Bougeant	107
Épître à ma Sœur	130
Ode sur l'Amour de la Patrie	139
Ode à une Dame sur la Mort de sa Fille	146
Vers sur la tragédie d'Alzire	153
Le Méchant, comédie	155

FIN.

www.ingramcontent.com/pod-product-compliance
Lightning Source LLC
Chambersburg PA
CBHW071528160426
43196CB00010B/1696